es 1666

edition suhrkamp

Neue Folge Band 666

Symbolische Politik ist symbolisches Handeln zu politischen Zwecken. Aber nicht das Handeln *mit* Symbolen, sondern *als* Symbol. Symbolische Politik braucht sich im Zweifel gerade keiner Symbole zu bedienen, weil sie selbst in die Rolle des Symbols schlüpft. Die Tat als Symbol, als das andere ihrer selbst. Nicht, um zu bewirken, worauf sie in ihrem Vollzug gerichtet zu sein schien, sondern allein, um Wahrnehmung und Kommunikation in Dienst zu nehmen. Im kritischen, wenn auch häufigen Grenzfall stellt symbolische Politik ein Handeln zur Schau, das nichts Wirkliches verdichtet und auf nichts Wirkliches verweist. Ein Handeln also, das das, worauf es zu verweisen scheint, durch den Verweis nur inszeniert. Scheinhandeln. Dies gilt für symbolische Politik von oben. Symbolische Politik von unten teilt zwar die Natur des Scheins. Sie weist aber wesentlich darüber hinaus. Sie gibt nicht vor, ihr Symbolhandeln sei real, sondern offenbart dessen Scheinhaftigkeit, um es offen als Dramatisierungsritual einer gestörten Verständigung einzusetzen. Sie macht sich nicht der Täuschung schuldig, denn sie macht den Schein in der Weise seiner Produktion durchsichtig. Ihre Folgen werden gerade dadurch höchst real. Sie setzt eine Reflexion über den Sinn der Inszenierung frei, weil sie die Inszenierung als Stilmittel erstrebter Verständigung zugleich einsetzt und als solche kenntlich macht.

Thomas Meyer hat in der edition suhrkamp den Band *Fundamentalismus in der modernen Welt* (es 1526) herausgegeben.

Thomas Meyer
Die Inszenierung des Scheins

Voraussetzungen und Folgen
symbolischer Politik

Essay-Montage

Suhrkamp

Auswahl, Beschaffung, Arrangement der Bilder
Helga Jungheim und Thomas Meyer

edition suhrkamp 1666
Neue Folge Band 666
Erste Auflage 1992
© Suhrkamp Verlag Frankfurt am Main 1992
Erstausgabe
Alle Rechte vorbehalten, insbesondere das der Übersetzung,
des öffentlichen Vortrags
sowie der Übertragung durch Rundfunk und Fernsehen,
auch einzelner Teile.
Satz: Hümmer, Waldbüttelbrunn
Druck: Nomos Verlagsgesellschaft, Baden-Baden
Umschlagentwurf: Willy Fleckhaus
Printed in Germany

2 3 4 5 6 – 97 96 95 94 93

Inhalt

1. Einstimmung

2. Aus alten und neuen Zeiten. Politik der Symbole

3. Zur Ontologie des Scheins. Vier Modelle

4. Politische Symbole und symbolische Politik

5. Bühnen der Inszenierung

6. Soziale Bedingungen der Möglichkeit symbolischer Politik

7. Komplexität im Zwiespalt. Naivität und Zynismus

8. Spiel ohne Grenzen. Metamorphosen

9. Kanon für die Regie. Formen symbolischer Politik

10. Demontage der politischen Kultur

11. Gegengifte

1. Einstimmung

Eine alte Geschichte

> Aber Pilatus fragte die Menge, »Welchen von diesen beiden wollt ihr, daß ich freisetze für euch?«
>
> »Barabbas!« antworteten sie.
>
> »Was soll ich also mit Jesus, genannt der Messias, tun?« fragte Pilatus sie.
>
> »Kreuzige ihn!« antworteten sie alle.
>
> Aber Pilatus fragte, »Welches Verbrechen hat er begangen?«
>
> Da begannen sie mit lauten Stimmen zu schreien: »Kreuzige ihn!«
>
> Als Pilatus sah, daß es nutzlos war weiterzumachen, weil ein Aufstand ausbrechen konnte, nahm er etwas Wasser, wusch seine Hände vor der Menge und sprach: »Ich bin unschuldig am Tod dieses Mannes! Ihr tut es!«
>
> Die ganze Menge antwortete: »Laß die Strafe für seinen Tod auf uns und unsere Kinder fallen!«
>
> Da ließ Pilatus Barabbas frei für sie; dann ließ er Jesus auspeitschen und übergab ihn, daß er gekreuzigt würde.
>
> *Matthäus 27, Vers 20-26*

Das ist eine alte Geschichte aus den Annalen der Politik. Der römische Statthalter, die amtierende Macht. Die aufgebrachte Menge, das Volk als Akteur und Zuschauer zugleich. Die öffentliche Tat, das Todesurteil, das vollstreckt wird, ohne daß der, der es zu verantworten hat, es verantworten will. Der Politiker gefällt der Menge, damit Ordnung herrsche. Aber er ist es nicht gewesen. Er lehnt die Verantwortung ab, um sein Heil zu retten. Er wäscht die Hände von der gegenwärtigen Tat rein, damit er für künftiges Tun die Hände frei behalte. Er tut es mit einer öffentlichen Geste, die ihn von seiner Rolle distanziert, die er zugleich distanzlos spielt, wie es ihm die Umstände auferlegen. Er verwischt seine Spuren in einer symbolischen Aktion.

Das ist eine alte Geschichte. Symbolische Politik, wie fast alles sonst, worauf es ankommt in den öffentlichen Dingen, gibt es nicht erst seit Politikwissenschaftler darüber schreiben. Es gab sie, bedeutungsvoll, kräftig und großartig, von Anfang an.

Symbolische Politik, die alte Geschichte, wird freilich nicht ein-

Pontius Pilatus wäscht seine Hände in Unschuld, Albrecht Dürer

fach immer nur neu. So wie sie in der unübersichtlichen Mediengesellschaft geschieht, war sie niemals zuvor möglich. Heute, da wir über die Taten des Mannes aus Galiläa nur aus Funk und Fernsehen wüßten und ebenso über das, was dann mit ihm geschah, heute, da die Berufung auf das Schreien der Menge sich nicht auf unser Schreien, sondern Umfragen darüber beriefe, wäre das öffentliche Händewaschen des Politikers das einzig Augenscheinliche an der ganzen Geschichte. Dann noch die Kreuzigung. Starke Bilder. Alles andere wäre Hörensagen.

Die symbolische Handlung, in der alten Welt der Geschichte nur aufgesetzt, wäre in unserer, die wir mit eigenen Augen nicht mehr erfassen, durch Bilder aus zweiter Hand, die realste Handlung im ganzen Geschehen. Dafür wäre gesorgt. Die Motive des handelnden Politikers als höchste Wirklichkeit. Die Voraussetzungen und Folgen seiner Tat als entlegene Fiktion. Wirklichkeit verschwindet im Nebel der Deutungen. Der Wille und wie wir ihn sehen sollen, wird Realität.

Geschichte wiederholt sich ja nicht – und diese alte Geschichte schon gar nicht. Und doch hat die alte Geschichte schon fast alles, was symbolische Politik immer noch ausmacht. Die Tat, die Scheinhandlung, ihre oktroyierte Deutung, das Publikum und den Zwang, nicht anders zu können, wenn die Dinge nicht aus dem Ruder laufen sollen. Die Menge, die die Dinge nicht überblickt und dennoch Richter sein soll. Der Politiker, der einerseits der Menge gefällt, es dann aber für alle Fälle zugleich auch nicht gewesen ist. Die Kreuzigung und die Unschuld, die Medien und die Wahrheit. Und über allen die Scheinhandlung als massenwirksame Deutung der laufenden Ereignisse.

Wirklichkeit als Medium des Mediums

Vor kurzem hatte, so berichtet Hans Thomas (1988), ein Schüler aus einer Gemeinde im Sauerland Gelegenheit zu einem Besuch in Bonn (»Sauerland«, das fällt gleich auf, wirkt selber wie eine symbolisierende Erfindung des Autors). Er konnte manches in Natur besichtigen, was ihm aus dem Fernsehen wohlvertraut war. Zurück im Sauerland meinte er, gefragt, wie es denn gewesen sei: ganz schön, nur der Bundeskanzler war ganz anders, als er wirklich ist.

In der Sylvesternacht neunundachtzig fand am geöffneten Bran-

Symbolische Eroberung

»Die nepalesische Zeichnung zeigt den persischen Schah Nadir – er plün-
derte Delhi und eroberte den Pfauenthron – in Kopulation mit einer
wunderschönen Frau, deren Hände und Füße mit Henna gefärbt sind.
Vielleicht ›erobert‹ er gerade ›Delhi‹ (symbolisiert in der indischen Part-
nerin), sitzt er doch auf dem Pfauenthron und hält in der rechten Hand ein
Schwert.«

denburger Tor ein großes Ereignis statt. Deutsche aus Ost und West, fast drei Jahrzehnte durch eine Mauer getrennt, die ebenso ein Symbol wie eine Tatsache war, feierten ihr Wiedersehen symbolisch. Gesehen hatten sie sich ja immer. »Die Nacht der Deutschen«, so hieß es.

Das Fernsehen der DDR errichtete in die Mitte des Trubels hinein eine gigantische Leinwand. Auf ihr konnten die Feiernden das Ereignis ihrer Feier erleben, während sie sich vollzog. Erst durch die simultane Wahrnehmung der Feier als Feier im Medium, nicht durch das Ereignis der Feier selbst, wurde das Ereignis zum Ereignis. Es war in den Rang der inszenierten Welt der Ereignisse promoviert, in dem erscheint, was Ereignis sein darf. Die *TAZ* wies ihre Leser auf das Medienparadox hin. Das Ereignis sollte dadurch zum Ereignis werden, daß es denen als Ereignis vorgeführt wurde, die das Ereignis herbeiführten. Gödel, Escher, Bach. Ein goldenes Band der Verschränkung.
Erst in der Welt der inszenierten Bilder werden Geschehnisse zu Wirklichkeit in einer Welt der inszenierten Bilder.

Wenn Worte versagen

Willy Brandt erinnert sich. »Das Warschauer Programm sah am Morgen nach meiner Ankunft zwei Kranzniederlegungen vor, zunächst am Grabmal des Unbekannten Soldaten. Dort gedachte ich der Opfer von Gewalt und Verrat. Auf die Bildschirme und in die Zeitungen der Welt gelangte das Bild, das mich kniend zeigte – vor jenem Denkmal, das dem jüdischen Stadtteil und seinen Toten gewidmet ist. Immer wieder bin ich gefragt worden, was es mit dieser Geste auf sich gehabt habe. Ob sie geplant gewesen sei? Nein, das war sie nicht. Meine engen Mitarbeiter waren nicht weniger überrascht als jene Reporter und Fotografen, die neben mir standen, und als jene, die der Szene ferngeblieben waren, weil sie ›Neues‹ nicht erwarteten.

Ich hatte nichts geplant, aber Schloß Wilanow, wo ich untergebracht war, in dem Gefühl verlassen, die Besonderheit des Gedenkens am Ghetto-Monument zum Ausdruck bringen zu müssen. Im Abgrund der deutschen Geschichte und unter der Last der Millionen Ermordeten tat ich, was Menschen tun, wenn die Sprache versagt.

Warschau 1970
Willy Brandt vor dem Ghetto-Denkmal

Ich weiß es auch nach zwanzig Jahren nicht besser als jener Berichterstatter, der festhielt: ›Dann kniet er, der das nicht nötig hat, für alle, die es nötig haben, aber nicht knien – weil sie es nicht wagen oder nicht können oder nicht wagen können.‹«

Wo es einem die Sprache verschlägt

1957 ließ Adenauer, als der Kalte Krieg auf seinem Höhepunkt war, im Bundestagswahlkampf gegen die SPD plakatieren: Alle Wege des Marxismus führen nach Moskau. Da gab es noch viele Marxisten in der SPD, aber vom Schlage derer, die Stalin zwischen dem Ersten und dem Zweiten Weltkrieg »Sozialfaschisten« genannt und als »Hauptstütze« bürgerlicher Herrschaft in Deutschland bekämpfen und verfolgen ließ. Das wußte Adenauer, und er wußte auch, daß zur selben Zeit, da er die Plakate kleben ließ, dort in Deutschland, wohin der Arm Moskaus reichte, im Gefängnis saß oder damit bedroht war, wer sich zu der Spielart von Marxismus bekannte, die in der SPD Heimatrecht hatte. Es war Adenauer um einen Schein politischer Nähe zu tun. Er hat diese Wahl gewonnen.

1976 gab der CDU-Generalsekretär Geißler eine Kampagne für die Bundestagswahl in Auftrag: Freiheit statt Sozialismus. Da wußte er, daß die SPD, der die Schmähung galt, einen demokratischen Sozialismus vertrat, für den immer noch Verfolgung erlitt und den Verlust der bürgerlichen Existenz, wer jenseits von Mauer und Stacheldraht ihn wollte. Er ließ aber Mauer und Stacheldraht in die Fernsehspots einblenden, damit kein Zweifel herrsche, worum es beim Kampf gegen Sozialismus in der Bundesrepublik gehe. Er wollte den Schein von Übereinstimmung, der den Wörtern »Sozialismus« und »Demokratischer Sozialismus« anhaftet, durch Vorwürfe und Bilder kräftig stützen. Diese Wahl hat die CDU nicht gewonnen.

Frühsommer 1990, Landtagswahl in Nordrhein-Westfalen. Norbert Blüm, Spitzenkandidat der CDU, erprobter Inszenierer politischer Scheinereignisse, auf allen Medienbühnen, zu denen er sich Zutritt verschaffen kann, wollte die Wähler Johannes Raus aus hoffnungsloser Position zur Massenflucht in sein eigenes Gehege anstiften. Die Situation schien günstig. Eine Dreiviertelmillion Menschen hatte seit Jahresbeginn das Revier des »real existierenden Sozialismus« in anfangs riskanter Flucht verlassen.

Das wußte er, daß die Parteifreunde Raus dort, woher die Flüchtlinge kamen, geschmäht und verfolgt worden waren, solange die alte Herrschaft sich halten konnte. Und nun, da sie von ihnen und ihren Gesinnungsfreunden gestürzt war, im Einvernehmen mit Blüms Parteikollegen, die dieser Herrschaft fast bis zur letzten Stunde die Stange gehalten und Regierungsämter bekleidet hatten, eine demokratische Alternative zu organisieren begannen. Auch er wollte das alte Gespenst noch einmal in Dienst nehmen, das von dem Schein lebt, letztlich laufe alles auf dasselbe hinaus, was sich irgendwie mit der Tradition des Sozialismus verbindet. Dem Sozialismus laufen die Leute davon.

Nun wollte er die Dividende der zahllosen Auftritte ernten, in denen er sich als Mensch inszeniert hatte. Die vielen Bilder in

Wahlkampf 1957

Presse und Fernsehen, für die er posiert hatte, sollten sich auszahlen. Blüm, der Mensch, allein gegen Pinochet und dessen Foltersystem, im Sommer 1987. Blüm, der Mensch, als Feuerwehrmann, als Bauarbeiter, als Mensch unter Menschen auf Jahrmärkten, im Zirkus, beim Karneval. Ein Mensch, dem, wenn die Kameras in Stellung waren, nichts Menschliches über den Weg lief, in dessen Rolle er nicht sogleich geschlüpft wäre. Dem Sozialismus laufen die Menschen weg. Wählt einen Menschen, »Mensch Blüm«. So lautete seine Botschaft. Schein gegen Schein.

Er hat diese Wahl mit Pauken und Trompeten verloren. Zu vielen, diesmal, hatte es die Sprache verschlagen. Die Hand, die den Schein nur wirksam inszenieren wollte, war auf der Bühne sichtbar geworden. Die Regie war täppisch zum Mitspieler vor aller Augen, der Schein für allzu viele durchschaubar geworden.

Wahlkampf 1990

2. Aus alten und neuen Zeiten.
Politik der Symbole

Sinnenfällige Ordnung der Dinge

Nach Canossa gehen wir nicht. Mit dieser Bemerkung, acht Jahrhunderte nach dem Ereignis, hat Bismarck eine der großen symbolischen Inszenierungen der Weltgeschichte sprichwörtlich gemacht. Die symbolische Unterwerfung der politischen Macht unter die Jurisdiktion der Kirche, zur Sicherung der Macht. Ein Canossagang. Eine öffentliche Selbstdemütigung des Hochmuts, um der Macht willen.

Heinrich IV. wollte dem Mönch aus Cluny, der als Gregor VII. soeben den Petrusstuhl bestiegen hatte, trotzen. Der hatte, sobald er die neue Macht besaß, symbolisch und real, alle Register absoluter Herrschaft über den Erdkreis gezogen. Sein »Programm« von 1073 forderte: »Des Papstes Füße allein haben alle Fürsten zu küssen. Ihm ist es erlaubt, Kaiser abzusetzen. Die römische Kirche hat sich nie geirrt und wird nach dem Zeugnis der Schrift nie in Irrtum verfallen.« Heinrich setzte, solange er die deutschen Fürsten hinter sich hatte, symbolisch und real einen derben Keil auf den derben Klotz. Sein Bote las dem Papst im Angesicht der zur jährlichen Synode in Rom versammelten Bischöfe und Kardinäle vom Blatt die Leviten: »Wir, Heinrich, nicht durch eigene Anmaßung, sondern durch Gottes gerechte Anordnung König, an Hildebrand, nicht mehr den Papst, sondern den falschen Mönch. Solche Anrede wie diese hast Du für Deine Schande verdient . . . So steige Du denn, durch diesen Fluch und das Urteil aller unserer Bischöfe und unser eigenes verdammt, herab und verlasse den päpstlichen Stuhl, den Du dir angemaßt hast!«

Der Bann des Papstes und Ränke der fürstlichen Rivalen, die ihn nutzten, um an Heinrichs Thron zu sägen, wirkten schnell. Heinrich unterwarf sich mit jener penetranten Inszenierung. Im Winter überschritt er mit seiner Gemahlin und seinem zweijährigen Sohn den Mont Cenis, ohne Waffen, mit wenig Begleitung, und ging dem Papst entgegen, der auf dem Weg nach Deutschland war. Der zog sich, aus Furcht vor einem Angriff königlicher Truppen, zur Markgräfin Mathilde zurück in die Burg Canossa. Dort geschah

Leben der Mathilde
Heinrich IV. bittet die Markgräfin Mathilde von Tuszien und den Abt
Hugo von Cluny um Fürsprache bei Papst Gregor VII.

dann, wovon Gregor später hämisch Zeugnis gab: »Der König
kam persönlich mit wenigen Leuten, ohne eine feindliche oder
verletzende Haltung zu zeigen, zum Ort Canossa, wo wir uns
aufhielten. Und dort harrte er drei Tage hindurch vor dem Tor der
Burg ohne alle Zeichen der königlichen Würde in jämmerlichem
Aufzug, nämlich ohne Schuhe und in wollenem Gewand, er hörte
nicht eher auf, unter vielen Tränen Hilfe und Trost des apostoli-
schen Erbarmens zu erflehen, als bis es alle, die dort anwesend
waren und zu denen die Kunde davon gelangte, zu solcher Teil-
nahme und solch mitleidigem Erbarmen bewegte, daß sich alle für

Eine Sitzung der Nürnberger Prozesse gegen die Verantwortlichen
des Naziregimes

ihn mit vielen Bitten und Tränen einsetzten und sich über die ungewöhnliche Härte unserer Haltung wunderten, einige laut klag-
ten, daß wir nicht die Härte apostolischer Strenge, sondern die
Grausamkeit einer gleichsam tyrannischen Wildheit zeigten.«

Die Inszenierung hatte Erfolg. Der Bannfluch wurde aufgehoben. Der König behielt seinen Thron. Doch damit war noch lange
nicht das Ende der königlich-päpstlichen Verstrickung gegeben.
Der König inszenierte einen symbolischen Auftritt, nicht um in der
Kirche, sondern um an der Macht zu bleiben. Der Papst lenkte ein.
Er hatte die Unterwerfung angenommen, um Macht über die Macht
zu erlangen. Symbolische Politik als Machtpolitik. Die Inszenierung der Reue als durchtriebenste Strategie des Machterhalts.

Adressat der Inszenierung war, wie die Berichte zeigen, nicht
einmal in erster Linie der Papst selbst. Dem mochte es am Ende
gleichgültig sein, ob sich die Macht Heinrichs oder die irgendeines
anderen deutschen Fürsten auf diesem Thron seiner Huld ver-

Nationalsozialismus: Der Führer und Gefolge

Eine Nazikundgebung in Nürnberg auf dem Reichsparteitagsgelände

Die Freiheit führt das Volk, Eugène Delacroix

dankte. Er mußte selber erst von seiner Umgebung, deren Loyalität er sich nicht verscherzen konnte, traktiert werden, um Wirkung zu zeigen. Auf sie hatte der Canossagang gewirkt. Sie waren voll Mitleid angesichts des Augenscheins einer Unterwerfung, der es um nichts anderes ging, als den Rücken frei zu behalten im Kampf um Macht und Pfründe.

Diese symbolische Inszenierung eines Machtpokers lief in eine Art Nötigung im Bereich des Allzumenschlichen ihrer Träger aus. Die Macht dankt symbolisch ab, um nicht real abdanken zu müssen. Sie inszeniert einen Schein, der ein Publikum blendet, das Einfluß auf die Macht hat. Harte und weiche Politik, Kommunikationsstrategien und Herrschaftssicherung gehen fließend ineinander über. Die weiche Politik trägt die harte, macht sie möglich und sichert sie. Die Verstellung bewegt die Gemüter, die billigen müssen, was sich an der Macht halten will. Der Augenschein, die Verstellung, das Publikum, die Macht. Ein Szenario symbolischer Inszenierung.

Kein Zweifel, symbolische Politik hat es zu allen Zeiten gege-

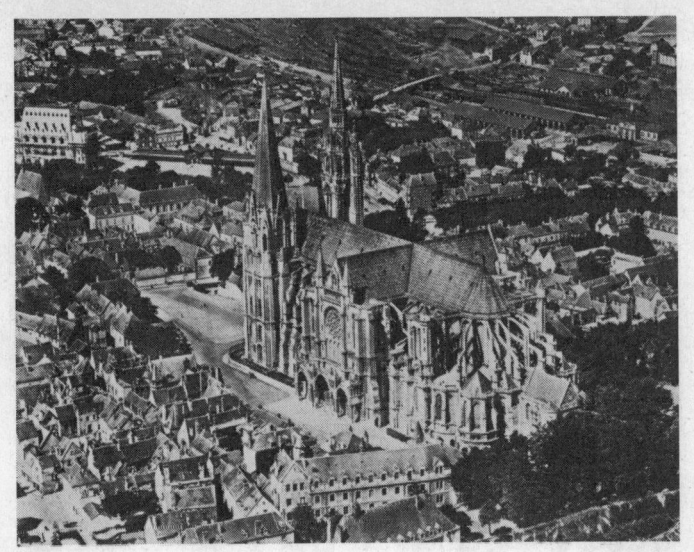

Die Kathedrale von Chartres

ben. Sie ist in ihrer Wirkung zu allen Zeiten registriert und benutzt worden. Mit dem Sündenfall, schon im Paradies fing es an. Schon die allererste Gelegenheit, die sich bot, so will es der Bericht verbreiten, wurde zu einer symbolischen Tat genutzt, die die gesamte Menschheitsgeschichte bestimmte. Eine Verstellung, die zur Quelle aller Realität für den Menschen wurde.

In den Zeugnissen der Geschichte überragen die auf Dauer bedachten Inszenierungen expressiver Symbolik die großen Symbolhandlungen sichtbar. Die Vergegenständlichung symbolischer Politik in der Architektur prägten Lebenswelt und öffentlichen Raum durch die Jahrhunderte. Die Pracht der Paläste, die schon dem flüchtigen Blick mit unwiderstehlicher Beweiskraft demonstriert, was ihre Gebieter vermochten. Die Städte und Marktplätze, deren Hütten und Häuser sich unter die Fittiche der mächtigen Burg flüchten. Der große Dom in Rom, dessen Kolonnaden wie gewaltige Arme sich zum Endkreis strecken, und die Gläubigen zugleich einladen und umfangen. Die Pyramiden, grandios und stumm. Ewig werden wollen wie Stein, nach der

Eine Stadt im Mittelalter

Beobachtung Ernst Blochs. Und die gotischen Kathedralen, Stik-
kerei in Stein, die die Schwere der Erde aufhebt, in den Himmel
steigt und den Betrachter als winzige Kreatur zurückläßt. Werden
wollen wie Gott.

Bauwerke von Menschen der weltlichen und religiösen Macht,
die ans Wunderbare grenzten. Sie führten dem betrachtenden Staunen sinnfällig vor Augen, daß ihr Urheber über Wunder gebot.

Die Kleidung der Herrscher, der Mächtigen, der Stände, der
Klassen. Kronen, Zepter, Gewänder, Kragen, Schuhe, Besätze,
Ringe. Symbolische Vergegenständlichung ihrer Macht, Stellung,
Privilegien, ihrer Ohnmacht. Mitunter plusterten die symboli-
schen Gewänder in Umfang, Farbe, Schein ihrer Träger auf wie

Kaiser von eigenen Gnaden: Bokassa bestellte Königsroben aus
Frankreich, die nach denen Napoleons I. entworfen wurden

Übermenschen in der Balz. Immer sollte das Gewand sinnfällig
verdichten, ohne je Zweifel der Deutung aufkommen zu lassen,
was Stellung und Geltung der Kleiderpuppe waren.

Der öffentliche Raum und die sozialen Beziehungen waren
durch ein allgegenwärtiges Netz einleuchtender Verdichtungssymbole strukturiert. Die Macht, die Transzendenz, die soziale
Rolle, die öffentlichen Verhältnisse, alles war fast in jedem Blick in
sinnlicher Gewißheit gegenwärtig. Die Sinne sollten nicht urteilen. Sie sollten wahrnehmen. Für wahr nehmen, was sich ihnen

Agra, Tadj Mahal

bot. Die Deutungen der Welt und ihre sinnenfällige Erfahrung wurden zu einer Einheit, die sinnlich real war. Davon legt die Geschichte des Abendlandes ein lückenloses Zeugnis ab.

Die Vergegenständlichung symbolischer Politik war so gut wie immer expressive Verdichtung realer Sozialbeziehungen oder akzeptierter Weltdeutungen. Die ganze abendländische Kultur war von einem Abbildrealismus beherrscht, dessen soziale Voraussetzung in einer geschlossenen, ihrer selbst gewissen Gesellschaft bestand. Die Überlieferung war in ihrer unbezweifelbaren Geltung gewisser als alle Bilder, die von ihr gemacht wurden. Sie war das Sichere, Feste und die Bilder bloß das Ungewisse, Wandelbare. Das galt bis in die jüngste Gegenwart, zwei Jahrhunderte nachdem der philosophische Abbildrealismus unter dem Ansturm des bürgerlichen Individualismus der Neuzeit abgedankt hatte.

Symbolische Politik in ihrer vergegenständlichten Form war nicht Verstellung, eher schon demonstrative Entblößung des Kerns der Sachen. Verstellung war symbolische Politik von Fall zu

Fall nur da, wo sie als Handlung inszeniert wurde. Sie konnte aber in vormoderner Zeit nicht Verstellung als Verstellung von Realitäten sein, weil deren Bild in der Einfachheit und Selbstgewißheit seiner Kontur zur Prüfung aller offen zutage lag. Verstellt wurden Motive von Handlungen, nicht das Bild von der Welt und nicht die Handlungsfolgen politischer Akteure.

Die Inszenierung Heinrichs vor den Toren Canossas wirkte nicht zwanglos als sinnenfälliges Ereignis einer symbolisch repräsentierten Welt. Heinrich mußte bis an die Grenze der Nötigung von Mensch zu Mensch gehen, damit seine Inszenierung Erfolg hatte. Sie war sinnenfällig und penetrant, aber nicht selbstevident. Sie erzeugte kein Bild von der Welt, das für sich selber sprach. Nur eine zweifelhafte Anschauung über Absichten. Der Regisseur und die Regie wirkten als Hauptpersonen auf der Bühne mit, die er sich bereitet hatte. Mochten auch Heinrichs Handlungen als falsche Verweisungssymbolik auf Motive hindeuten, die er nicht hatte. Sie konnten keine Welt heraufbeschwören, die sich seinen Absichten fügte. Das ist der radikale Unterschied zwischen symbolischer Inszenierung in vormoderner Zeit und heute, in der medienvermittelten komplexen Gesellschaft der Moderne. Erst in ihr wirkt die Verstellung symbolischer Inszenierung strukturbildend.

Hitler probt Posen vor dem Spiegel

3. Zur Ontologie des Scheins.
Vier Modelle

Der Schein als Schatten

Für Plato war es ein Problem, wie wir aus der Anschauung der trüben Bilder, die uns umgeben, je zur Erkenntnis der Wahrheit gelangen können. Ihre unendliche Fülle und Vielfalt könnte der betrachtende Blick nicht ordnen, wenn nicht die Seele über eine Kraft der Erkenntnis verfügte, für deren Entfaltung die Welt der gegebenen Bilder zwar ein Anlaß ist, aber nicht die wesentliche Ursache.

»Sieh nämlich Menschen wie in einer unterirdischen, höhlenartigen Wohnung, die einen gegen das Licht geöffneten Zugang längs der ganzen Höhle hat. In dieser seien sie von Kindheit an gefesselt an Hals und Schenkeln, so daß sie auf demselben Fleck bleiben und nur nach vorne hin sehen, den Kopf aber herumzudrehen der Fessel wegen nicht vermögend sind. Licht aber haben sie von einem Feuer, welches von oben und von ferne her hinter ihnen brennt. Zwischen dem Feuer und den Gefangenen geht oben her ein Weg, längs diesem sieh eine Mauer aufgeführt wie die Schranken, welche die Gaukler vor den Zuschauern sich erbauen, über welche herüber sie ihre Kunststücke zeigen. Sieh nun längs dieser Mauer Menschen allerlei Geräte tragen, die über die Mauer herüberragen, und Bildsäulen und andere steinerne und hölzerne Bilder und von allerlei Arbeit. Meinst du wohl, daß dergleichen Menschen von sich selbst und voneinander je etwas anderes gesehen haben als die Schatten, welche das Feuer auf die ihnen gegenüberstehende Wand der Höhle wirft?« (*Politeia*, VII, 514, 515)

Was der Körper wahrnehmen kann, dieser Gefangene in der Höhle, ist nur ein trüber Schein aus Schatten. Die Seele ist es, die sich zur Wahrheit, den Urbildern aufschwingen kann. Hätten nicht die Seelen, bevor sie in die Körper gebannt wurden, die wahren Ideen der Dinge einmal schon ungetrübt geschaut, sie könnten in den Schatten, die das Auge des Körpers erblickt, nicht einmal erkennen, Schatten wovon es sind. Die Seelen aber, weil sie schon einmal die wahren Bilder geschaut haben, erinnern sich beim Anblick der Schatten: Wiedererkenntnis.

Die Welt der gegebenen Bilder erscheint Plato wie ein unendlicher Reigen von Scherenschnitten. Alles schwarz-weiß, kein bißchen Farbe. Überall nur der Umriß, nirgends Tiefenschärfe. Eine Welt des Scheins. Die Entstellung der Wirklichkeit, die der Betrachter in der Höhle allein zu schauen vermag, versimpelt, verblaßt das Eigentliche. Mitunter ist das Eine vom anderen kaum zu unterscheiden. Die Konturen aber und der Ablauf der Dinge in der Welt des Scheins sind doch die Schatten des Wirklichen und nicht ein anderes Stück. Der Körper in seiner Wahrnehmung filtert Feinheiten, Farben, die Tiefe der Bilder hinweg, aber das Ergebnis ist nicht seine Halluzination. Dem Körper teilt sich nichts Genaues mit. Aber was er aufnimmt ist doch als Anlaß, das Wirkliche zu erkennen, brauchbar. Die Welt der gegebenen Bilder ist Täuschung und Schein. Sie ist jedoch nicht eine Gallerie gefälschter Bilder, sondern ein Zustand des Verblassens, der vieles überdeckt und übergeht und manches auslöscht.

Es ist nicht ein anderer Wille, sondern nur der Schleier der groben Sinne, der sich über die Bilder legt. Kein Bild, das der Körper schauen könnte, kann wahre Wirklichkeit sein. Das Schauen der Seele allein weist den Weg zu ihr.

Der Schein der gegebenen Bilder ist prinzipiell. Um die Wirklichkeit zu erfassen, brauchen wir nicht andere Bilder, sondern das Bild vom anderen. Der Blick hinter die Kulisse fällt auf keinen Regisseur, der Fäden zieht und Anordnungen arrangiert. Er erblickt jedoch als filigranes Künstlerwerk, was erst wie grobe Leinwand wirkte und als genaue Wegekarte, was erst als rätselhaft undeutliche Landschaft erschien. Die Bilder haben kein eigenes Leben.

Der Schein als Blendwerk

»Vom transzendentalen Schein«, so lautet die Überschrift eines zentralen Kapitels in Kants Kritik der reinen Vernunft.

Das ganze Werk dient dem Nachweis, daß die Erkenntnis der Wirklichkeit, die nur möglich ist, weder in der Anschauung der Bilder liegt, die uns erscheinen, noch in den Operationen des Denkens, das sich im Mißtrauen gegen die Sinne auf sie nicht einlassen will.

Wirklichkeit bildet sich allein im Einklang von Anschauung und

Verstandesgebrauch heraus. Anschauungen ohne Begriffe sind leer, Begriffe ohne Anschauung sind blind. Erscheinung und Schein sind nicht einerlei.

»Man kann zwar richtig sagen: daß die Sinne nicht irren, aber nicht darum, weil sie jederzeit richtig urteilen, sondern weil sie gar nicht urteilen. Daher sind Wahrheit sowohl als Irrtum, mithin auch der Schein, als die Verleitung zum letzteren, nur im Urteil, d.h. nur in dem Verhältnisse des Gegenstandes zu unserem Verstande anzutreffen.«

Schein ist nicht in der Anschauung der Sinne. Die Wahrnehmung einer Welt von Bildern ist nicht Erkenntnis. Sie ist daher in der Lehre Kants gegen Wahrheit, Irrtum und Schein neutral. Der Glaube irrt, die Wahrnehmung von Bildern sei Erkenntnis.

Kant ist von einem Sensualismus, der meint, die Vorstellung der gegebenen Bilder der Erscheinung sei das Fundament der Erkenntnis oder diese schon selbst, weit entfernt. Er besteht darauf, daß diese ein Datum sind, dessen Vernachlässigung nicht nur Erkenntnis verhindert, sondern die Welt des Scheins allererst entstehen läßt.

Wirklichkeit, als Wirklichkeit für uns, entsteht ihm zufolge in der Anwendung der Kategorien, die unser Verstand immer schon an die Dinge heranträgt, auf das, was uns die Sinne vermitteln. Sie ist immer schon ein Produkt aus beiden, den Bildern und den Kategorien, der Anschauung und dem Denken. Was wirklich gegeben ist, ist stets ebenso uns wie durch uns gegeben.

Schein ist kein Produkt der Wahrnehmung, sondern eine Erkenntniskategorie. Gerade weil Kant den Erkenntnisbeitrag der sinnlichen Anschauung weder über- noch unterschätzen möchte, kommt ihm zufolge der Schein der Erkenntnis, die Wirklichkeit als Schein, nicht aus der Hingabe des Subjekts an die Sinne.

Schein ist, entsprechend den Begriffen, mit denen Kant das Verhältnis von Anschauung, Wirklichkeit, Erkenntnis und Vernunft beschreibt, transzendentaler Schein. Nicht transzendenter. Transzendent ist, was das Reich von Erfahrung und Wirklichkeit überschreitet, also nicht mit dem Anspruch auftritt, Erkenntnis zu sein. Hier kann sich kein Schein ergeben.

Schein ist der Verlust des Subjektes an das reine anschauungslose Denken. Es ist das Spiel der Begriffe, die sich von der Anschauung ablösen und alles und jedes beweisen. Aber nur zum Schein. Die Welt als Blendwerk ist das Produkt des reinen Denkens. Denken, das uns vom empirischen Gebrauch der Kategorien des Verstandes hinwegführt, und ihnen ein Eigenleben verleiht, das sich an den sinnlich gegebenen Bilder nicht mehr reiben muß, produziert die Welt als Schein.

Nicht die Anschauung, die reine Vernunft selbst, die sich gänzlich über sie erheben will, ist der Sitz des transzendentalen Scheins. Sie läßt uns eine Welt als anscheinende Wirklichkeit erkennen, die gleichzeitig die Welt als endlich und unendlich, unendlich teilbar und aus kleinsten Teilen komponiert, für Handlungen frei und vollkommen kausal vernetzt erscheinen läßt.

Sie erzeugt Bilder von der Welt als Erkenntnisse, die sie je für sich beweisen kann, von denen sie aber zugleich wissen muß, daß die eine nicht möglich wäre, wenn die andere wirklich bestünde. Ein dialektischer Schein. Alles ist möglich, alles scheint wirklich. Erkenntnis hebt sich gerade dann selber auf, wenn ihre Beweise gelingen. Die sich selbst überlassene Vernunft inszeniert Welten des Scheins, die sie ebenso zwingend beweist wie das Urteil, daß sie gleichzeitig nicht wirklich sein können.

Dieser Schein ist nicht ein blasses Bild der Wirklichkeit und auch nicht nur die halbe Wahrheit. Er ist nur ein Blendwerk, eine gemachte Welt, die uns von der Wirklichkeit nichts zeigt. Sie ist eine Täuschung, der wir anheimfallen, wenn wir vergessen, uns erst zu fragen, wie das entsteht, was uns als Wirklichkeit erscheint, bevor wir daran gehen, Wirklichkeit erkennen zu wollen.

Nicht das Kaleidoskop der Bilder erzeugt die Wirklichkeit als Schein, sondern die von allen Bildern gereinigten Schlüsse der reinen Vernunft. Vom Schein führt kein Weg zur Wirklichkeit. Er ist kein Umweg zu ihr, kein Lichterboulevard, der über die dunklen Ecken hinwegtäuscht und auch keine Schattengasse, an der nur Hinterhöfe liegen. Er ist ein Holzweg, nichts sonst.

Das Kunstschöne aber ist für Kant ein Bild, dessen Anschauung den Sinnen und dem Verstand zugleich das Erlebnis idealer Erkenntnismöglichkeit gibt, ohne Erkenntnis zu sein. In der Anschauung des Schönen meinen beide Erkenntnisvermögen einstimmig ohne Widerspruch auf ihre Kosten zu kommen, ohne den Anspruch einzulösen. Im Schönen kommen Verstand und Sinnlichkeit zusammen, aber ohne den Zwang der Erfahrung.

Der Schein als Nichtigkeit des Wesens

Das Sein des Scheins besteht allein in dem Aufgehobensein des Seins, in seiner Nichtigkeit; diese Nichtigkeit hat es im Wesen, und außer dem Wesen ist er nicht.

Hegel bestimmt das unmittelbar Gegebene, das sinnliche Bild als Schein. Ihm zufolge kann das der sinnlichen Wahrnehmung Erscheinende nicht als es selber, sondern nur als Stoff der Reflexion Wirklichkeit, Sein beanspruchen. Das, was das Wesentliche bestimmt, das wirkliche Sein erfaßt, kann nicht die Anschauung sein. Ihr erscheint nur das vom Denken noch Unbestimmte, das Täuschende, Äußerliche, das noch nicht in seinem Wesen erkannte Dasein, eben der Schein.

Das noch vom Wesen unterschiedene Unmittelbare ist nicht bloß ein unwesentliches Dasein, sondern das an und für sich nichtige Unmittelbare; es ist nur ein Unwesen, der Schein.

Sein Unwesen treiben hieße demzufolge, im Schein verbleiben. Oder, eher wohl, andere dazu zu verleiten. Wahrheit kann nicht dem erscheinenden Dasein selber zukommen, sondern nur dem Nachdenken, der bestimmenden Reflexion, zu dem es immerhin mehr als nur den Anlaß bietet. Die Reflexion ist ja keine Bewegung der Gedanken aus sich selbst heraus. Sie ist das Insichgehen des Scheins vermittels des Denkens, und zwar des Nachdenkens über das, was der Schein zu sein scheint.

Darum ist bei Hegel der Schein zwar nicht die Wahrheit, aber darum keineswegs nur Lüge.

Der Schein also enthält eine unmittelbare Voraussetzung, eine unabhängige Seite gegen das Wesen. Die Bestimmungen, die ihn vom Wesen unterscheiden, sind nur Bestimmungen des Wesens selbst.

Die Brücke zwischen dem sinnlich Erscheinenden und dem Wesen, der Erkenntnis dessen, was wirklich ist, ist das bestimmende Denken, die Reflexion. Wenn aber die Reflexion nur das Insichgehen des Scheins ist, also die Aufklärung des Denkens über das, was vorzuliegen scheint, dann ist, unvermeidlich, im Gegenzug der Schein selbst eine Bestimmtheit des Wesens.

Diesen Zusammenhang von Schein und Wesen treibt Hegel mit schwindelerregender semantischer Fingerfertigkeit in einen Taumel von Metamorphosen, Sprachverkleidungen, ein semantisches Kostümfest, wo alles ein anderes und nichts es selbst zu sein scheint. Das kennt der Leser. Das Werden im Wesen, seine reflektierende Bewegung, ist daher die Bewegung von Nichts zu Nichts und dadurch zu sich selbst zurück. Einmal nach nirgendwo Erster Klasse, hin und zurück, aber Fensterplatz bitte?

Der Schein ist nie nur Schein, wenn er wirklich Schein ist. Er ist vielmehr das Wesen im Zustand vor der Reflexion. Der Schein ist also für die Bestimmung des Wesens wesentlich.

Der Schein im Wesen ist nicht der Schein eines Andern, sondern er ist der Schein an sich, der Schein des Wesens selbst. Der Schein besteht darin, daß das Wesen zuerst als ein Unmittelbares genommen wird und nicht als Produkt der Reflexion, des unterscheidenden Denkens. Das Dasein ist nicht Unmittelbares. Es ist der durch die Reflexion gegebene Schein.

Nach Hegel ist die Wahrheit die Idee. Sie ist die absolute Einheit von Sein und Denken, Subjekt-Objekt. Sein berühmter Satz, das Schöne sei das sinnliche Scheinen der Idee, ist darum kein Harmonieideal, sondern ein Sinnbild der Erkenntnis.

Hegels Lehre vom Schein richtet sich gegen Kant. Hegel will zeigen, daß das in der Anschauung Gegebene kein festes Datum der Erkenntnis, sondern selber nur ein Moment des Denkens ist. Er will sichtbar machen, daß sich das Denken im Prozeß der Erkenntnis am Ende nur auf sich selbst verlassen kann. Kein festes Datum, das nicht erst im Denken zu dem wird, was es ist, kann Element der Wahrheit, Bestandteil des Wesens sein. Hegel wollte damit den Empirismus auch in der von Kant geläuterten Form widerlegen.

Für ihn ist die Welt der sinnlichen Wahrnehmung, die Welt als gegebenes Bild kein Letztes. Sie ist aber auch nicht nur eine Lüge. Sie ist auch nicht an sich Täuschung. Sie kann zur Täuschung werden, wenn in Vergessenheit gerät, daß sie nur ein Moment der Wirklichkeit ist und nicht diese selbst.

Ein gegebenes Bild ist für Hegel ein Schein nur als Erscheinung der Wirklichkeit. Die gemachten Bilder sind schön, wenn sie wahr sind. Ihre Wahrheit kommt nicht aus dem gelungenen Abbild der gegebenen Bilder. Aber ebensowenig aus der Illustration der Begriffe. Wahr, schön ist nur das gemachte Bild, das die Einheit von Wesen und Erscheinung, die Idee anschaulich macht. Im wahren Bild wird das Ergebnis der gedanklichen Ordnung der gegebenen Bilder, das Wesen anschaulich.

Hegels Lehre vom Schein ist zwiespältig. Sie macht uns in dramatischer Beschwörung darauf aufmerksam, daß nie die Bilder selber, sondern erst ihr im Denken gefundener Zusammenhang Wirklichkeit ist. Sie will uns aber auch davon überzeugen, daß die richtig gemachten Bilder stets wirklicher sind als die gegebenen. Diese, bei Hegel muß man das Wort einmal nicht vermeiden, Dialektik von gegebenem und gemachtem Bild enthält eine Wahrheit und eine Versuchung, sie vermag Aufklärung und didaktische Arroganz gleichermaßen zu begründen. Und sie rettet die Würde des Scheins, der nie nur eine Lüge ist, solange in den Bildern aufscheint, was wirklich ist.

Von der Weisheit des Scheins

Ein Mann geht in die Rue Saint Denis. Vom Forum des Halles zur Porte Saint Denis. Er gerät wieder, das weiß er, in ein scheinbares Paradies, in ein Paradies des Scheins. Es erinnert, nicht in der umgebenden Natur, aber in der Natur der erotischen Versprechen, an das Männerparadies, das dem gläubigen Muslim im Koran verhießen ist.

Wenn er die Straße weiter hinaufgeht, schaut er eine Welt der Verlockung an, sie bietet alle Schönheit Asiens und Afrikas, Europas und Amerikas auf, und was aus ihrer Vereinigung hervorgehen kann. Aus jedem Haustor quellen die Schönen der Welt hervor, zu jeder Wohltat, die einer im Sinn haben mag, bereit, so scheint es. Jeder scheint ihnen schön, der da vorübergeht, und jeder weiß, daß keine den Schein der Verfügbarkeit widerlegen würde. Willige Schönheit, Versprechen aller Lust, Instant-Erotik, ein Bild für die Götter.

Was sich sonst einer in seiner ausschweifendsten Phantasie kaum vorstellen mochte, ist leibhaftig greifbar, scheint alles zu haben. Männerphantasien, zu schön eigentlich, um wahr zu sein, als Billigangebot hier auf offener Straße.

Kaum ein wünschbares Gesicht, kaum eine phantastische Gestalt, Haltung, Verlockung, Möglichkeit, die da nicht, bedingungsloses Einverständnis zwinkernd oder flüsternd, ruft und lockt. Sirenengesang in allen Sprachen der Zunge und des Körpers. Wer wollte sich da die Ohren verstopfen oder die Augen auf die Fußspitzen lenken.

Den Gesang dieser Sirenen hört freilich nur, wer ihm nicht

glaubt. Nicht darum, weil die Erfüllung des Versprechens ihn, und sei es auch nur in den Augen der anderen, zum Schwein verwandelt. Weder Aids noch befleckte Moral sind die Gefahr.

Der Mann hat sich einmal an der Hand nehmen lassen, um die Wirklichkeit einzulösen, die dieser Schein verheißt. Schon im nächsten Hausflur entfloh ihm, klein und hart und schnöde, was vor der Tür zum Greifen nah schien. Eine häßliche kleine Geschichte, hastig und oberflächlich in Schmuddelräumen absolviert. Der Preis jedes zusätzlichen Handgriffs, jeder Extraenthüllung zusätzlich auszuhandeln. Rasch kommt der Eindruck auf, die Schönen handelten im höheren Auftrag, wie Adorno denkwürdig formulierte, mit der Sünde zugleich die Höllenstrafe zu liefern.

Die Versuchung stellt sich immer aufs neue ein. Der Schein wirkt wieder auf den Mann, der ihn durchschaut hat, als er an ihm widerlegt wurde. Nun erliegt er der Wirklichkeit, die dieser Schein ist, obwohl er ihn durchschaut hat und weiß, daß er nicht einlösbar ist. Und doch wirkt er als Schein nur, weil er das Versprechen der Einlösung nicht gänzlich abstreift. Die Bilder sind ja in einem das Versprechen und ein Hauch seiner Einlösung. Erotische Befangenheit und aufgeklärte Distanz gehen fortwährend ineinander über. Der Schein liefert selber schon ein Stück von dem, was er als Wirklichkeit verspricht. Auch dem, der weiß, daß er nie einlösen könnte, was er vortäuscht.

Es ist ein Schein, der als Schein eine eigene Wirklichkeit hat. Das weiß der Mann, der seiner Wirkung erliegt, während er seine Nichtigkeit durchschaut.

Dieser spielerische Umgang ist oft anzutreffen, wo der Reiz der Inszenierung einen Eigenwert hat, dem der Betrachter, indem er ihn durchschaut, wie eine Wirklichkeit genießt, ohne ihm zu erliegen. Der Eindruck wirkt, obwohl die Sache entlarvt ist.

Vom Wesen des Scheins

Schein ist eine Suggestion von Wirklichkeit. Er trügt über das, was der Fall ist. Was aber ist der Fall? Wo ist der archimedische Punkt, auf dem der Blick in Stellung gebracht werden muß, damit er erkennen kann, was der Fall ist, und was er bloß zu sein scheint? Der Blick auf die gegebenen Bilder, die keiner gemacht zu haben scheint, wenn wir uns mühen, die Interpretation beiseite zu lassen, die über sie im Umlauf sind, ist es nicht. Nichts ist trügerischer als das vermeintliche Bild an sich. Es gibt den Zusammenhang nicht optisch preis, den es zum Ausdruck bringt. Die Reinigung des Gedankens von den Spuren der Bilder ist es auch nicht. Sie führt uns um so weiter in scheinbare Welten, je besser sie zu gelingen scheint. Alles wird möglich und alles zugleich, auch wenn es zugleich gar nicht möglich wäre.

Wir sehen die Bilder, die wir sehen können, immer schon im Licht der Sprache, die wir sprechen. Wir berufen uns beim Sprechen über das, was in der Sprache umstritten ist, auf die Bilder, die wir sehen können. Und wir haben beide, die Bilder und die Sprache, nur in der sozialen Lebenspraxis, in der wir stehen. Wenn Heidegger meinte, die Sprache sei das Haus des Seins, dann sind die gegebenen Bilder der Welt seine Fenster, ohne die es drinnen finster wäre.

Kant hat uns die Augen geöffnet für die unauflösliche Verschränkung von Verstand und Sinnen, Wittgenstein für die Einbettung beider in die Sprache einer Lebensform. Was außerhalb der Sprache dieser Lebensform wirklich der Fall wäre, läßt sich nicht sagen. Aber wir können in der Sprache einer Lebensform das Bild von der Welt, das sie überliefert, und die Lebensform selbst, die sie stillschweigend rechtfertigt, widerlegen und neu entwerfen.

Das Haus des Seins ist kein Gefängnis, das viele Mauern hätte, aber keine Fenster. Wirklichkeit ist nichts Gegebenes, sondern der Prozeß der kritischen Vergewisserung dessen, was sie ist. Gerade darum ist sie nichts Beliebiges, sondern das Bild von der Welt, das sich in diesem kulturellen Prozeß zeigt. Zu ihm tragen die Kräfte, die hinter ihm wirksam sind, ebensoviel bei wie die sozialen Mächte, die Lebensformen prägen, den Umgang mit der Natur regeln und die Regeln für die Darstellung beider in Kraft setzen.

Wahrheit ist daher weder im unverstellten Bild noch im zwingenden Gedanken. Sie ist eine regulative Idee, die uns sagt, wie die Diskurse geführt werden müssen, um die Verzerrung im Bild von der sozialen und natürlichen Welt zu überwinden. Sie wird möglich, wenn ein wahrhaftiger Austausch aller Argumente im Lichte aller Bilder, Erfahrungen und Wahrnehmungen geschieht, in dem sich immer mehr zeigt, was nur der Macht der Überlieferung, der Gewalt von Gruppeninteressen oder der Täuschung vereinzelter Wahrnehmungen entspringt.

Das Bild der Wirklichkeit, das in diesem kulturellen Prozeß erzeugt wird, ist wahr. Es zeigt unsere Wirklichkeit. Sie ist nie die Wirklichkeit an sich. Sie bleibt immer kulturanthropologisches Produkt. Jedes Bild, jedes Argument, jedes Sprachspiel, in denen sie sich ausdrückt. Der Umkehrschluß ist, bis hinein in die Sozialwissenschaften, oft zu hören. Dann sei eben jedes kulturanthropologische Produkte, sei es in anderen Gesellschaften, sei es in der eigenen, als Wirklichkeit gleich gültig.

Es gibt aber zwei Grundformen der sozialen Konstruktion der Wirklichkeit, deren Unwahrheit sich zeigen läßt, wenn die Regeln der Wahrheitsfindung zur Geltung gebracht werden. Ideologie und Schein. Zwei spezifische Verzerrungen der Wirklichkeit, die mit der Macht ausgestattet sind, nicht nur einzelne in die Irre zu führen, sondern viele zu narren. Ideologien können große Mehrheiten erfolgreich täuschen, auch wenn sie widerlegt sind. Der Schein kann sie blenden, auch wenn er längst durchschaut ist.

Ideologien sind Weltbilder, die eine Sicht der Dinge liefern, in denen sich soziale Teilinteressen erfolgreich als allgemeine Erkenntnisinteressen tarnen. Sie werden als Alltagstheorien oder wissenschaftliche Theorien wirksam, als Sprachmuster, Sichtweisen, Schlagwörter. Ideologien sind falsches Bewußtsein in der Form diskursiver Weltbilder, theoretischer Erklärungen. Sie sind falsches Bewußtsein nicht gemessen an einer Wahrheit als Gewißheit, über die irgendeiner verfügte, sondern weil sie die Interessen, die sie leiten, der Diskussion entziehen.

Schein ist ein falsches Bild von der Welt als irreführende Wahrnehmung. Der Schein stellt keine Behauptungen auf, entwirft keine Erklärung, er ist nicht diskursiv. Er zeigt etwas und er zeigt es so, daß es ein Bild der Welt zu sein scheint, aber nicht ist. Der Schein ist eine Irreführung der Wahrnehmung, keine irreführende Argumentation. Eine Scheinargumentation ist eine, bei der Behauptungen als Argumente wahrgenommen werden, die keine sind, nicht eine solche, in der falsche Argumente auftreten, die widerlegt werden.

Schein entsteht, wenn Formen, Bilder, Konfiguration die Wahrnehmung beherrschen, über die die Erkenntnis schon hinweggegangen ist. So wie uns die Sonne auch nach Kopernikus noch aufzugehen scheint. Und so wie sich uns der Himmel, auch nach Galilei, am Horizont noch über der Erde zu runden scheint. Oder so, wie jemand durch ein gewinnendes Auftreten eigentlich ganz nett scheint, auch wenn wir wissen, wozu er fähig ist. Oder eben so, wie ein Politiker kinderlieb zu sein scheint, der sie zu herzen beginnt, wo immer sie zugleich mit einer laufenden Kamera greifbar sind. Auch so wie eine Regierung tätig zu werden scheint, die ein Gesetz in Gang bringt, das außer der Wahrnehmung der Tatsache seiner Verabschiedung nichts bewirken kann.

Im Ausdruck »es scheint« ist noch offen, ob nähere Prüfung einlösen wird, was die Wahrnehmung zeigt. »Schein« ist eindeutig. Was sich zeigt ist ein falsches Bild. Sei es eines, das in den Gewohnheiten unserer Wahrnehmung stehengeblieben ist, während der Erkenntnisprozeß seine Suggestion enthüllte. Sei es eines, das einen Ausschnitt der Welt so zeigt, daß er der Gesamtheit der Bilder oder guten Argumente nicht standhält. Sei es eines, das eine Geschichte erzählt, die nicht stattgefunden hat.

Das macht den Schein um so viel verführerischer als jede Ideologie und seine Resistenz gegen Argumente um so viel härter, weil er ja nichts zu behaupten scheint, sondern nur zeigt, was sichtbar ist. Er hat daher – prima vista – und nicht selten auch als letztes Wort der Sinne die Überzeugungskraft der Wahrnehmung für sich, die keine Beglaubigung durch weitere Beweise zu bedürfen scheint.

Der Schein ist für die Anschauung, was die Ideologie für den Diskurs ist, aber als unmittelbare Gewißheit, nicht als Behauptung.

Handlungsschein, Augenschein, Sprachschein

Der Begriff des Scheins ist kein Monopol der Optik. Vorspiegelung kann auch Sprache leisten, durch Begriffe ebenso gut wie durch Informationen.

Die Lafontaine-Gewerkschaftsdebatte wurde in den Zeitungen als Zweikampf von Giganten inszeniert. Allegorisch forderte die aufgeklärte Moderne in der Licht-Gestalt Lafontaine das dumpfe Beharren in Gestalt Franz Steinkühlers in die Schranken der Zukunftsarena. Die Gespensterschlachten Freiheit statt Sozialismus wurden von der CDU als Kampf zweier Großbegriffe um das Heil der Welt auf die Bühne gebracht. Die gedruckten und gesprochenen Informationen über eine Kontroverse erzeugten in der Wahrnehmung des Publikums eine allegorische Imagination. Aus den

Texten wuchsen stumm die Bilder hervor. Außer gelegentlichen Archiv-Porträts der auserkorenen Streithähne mußte nichts ins Bild gesetzt werden, um das Bild der Streithandlung zu erzeugen.

Die Bilder einer Handlung, wo doch nur Informationen über Meinungen verbreitet wurden, entstanden in der Wahrnehmung der Adressaten nicht zufällig. Aus einer Reihe vager Argumente, die sich im späteren Präzisierungsversuch beinahe verflüchtigten, war durch die Art ihrer Auswahl und Zuspitzung ein allegorisches Schlachtenbild entstanden. Die Nachrichten lasen sich, um gelesen zu werden, wie ein Drehbuch, damit sich der Leser sein Bild mache.

Handlungsschein ist etwas anderes als Scheinhandlung. Diese ist wirkliche Aktion, deren Wirkung allein der Schein sein soll. Die Erklärung von Smogalarm ohne Handlungsfolgen, das Erscheinen des Ministerpräsidenten am Unfallort, das Gesetz gegen Witwenverbrennung. Handlungsschein ist ein Erzeugnis der Dramaturgie personalisierter Informationen in den Medien. Eine Allerweltsinformation wie die, man sollte über Arbeitszeitverringerung ohne Lohnausgleich nachdenken, mobilisiert eine Lawine von Vorstellungen und Nachrichten über Interessen, Konflikte, Positionen, die unabhängig von dem, was wirklich geschieht und selbst unabhängig von dem, was in Wahrheit gesagt wurde, den Schein dramatischer Verwicklung entstehen läßt.

War es nur Ironie, daß die imaginären Streithähne binnen kurzem in die angesonnenen Rollen mediengerecht eintraten? Wer wollte schon als Langweiler erscheinen, nicht auf der Höhe der öffentlichen Erwartung. Und gleichzeitig, warum die Chance nicht nutzen, die der eigenen Sache und Person sich bot? Der Handlungsschein, der durch Information über Meinungen und Äußerungen hervorgerufene Anschein von Handlung, schlug in die Scheinhandlung um, die durch wirkliches Tun einen Schein von Wirklichkeit erzeugt. Am Ende konnten die Medien über das berichten, was ihre Berichterstattung geschaffen hatte. Ein endloses goldenes Band.

Der allegorische Kampf der Parolen in den Werbefeldzügen der Parteien ist auf solche Personalisierung weder angelegt noch angewiesen. Freiheit statt Sozialismus. Wir oder das Chaos. Deutschland oder der Ausverkauf. Die Metaphern erzeugen einen kognitiven Schein, der wie anschauliche Information wirkt, wo er bloß

Täuschung ist. Die Sprachsymbole selbst gewinnen anschauliche Gestalt, ohne zum Bild zu werden, wie Kälte und Wärme, Dummheit und Klugheit, Bescheidenheit und Arroganz. Der Anschein präsentiert sie wie Handlungsmächte, die einander befehden und Gewalt über die Menschen haben.

Die Metaphern mögen noch so gegenstandslos sein. Die Arena, die sie bevölkern, und die Schlachten, die sie lenken, gewinnen Realität. Das Möbiusband schließt sich auch hier. Am Ende reden die Parteigänger miteinander und sehen einander so, wie das Spiel der Metaphern es vormacht, und jeder weiß es im Grunde besser. Nun reden auf einmal vertraute Nachbarn in Stadtrat, Kleinstadtkneipe oder am Gartenzaun, die die Botschaft ihrer Parteizentralen empfangen haben, miteinander, als wären sie nicht mehr sie selbst, sondern die Abziehbilder realexistierender Metaphern.

Die Verführung zur Scheinpolarisierung in der politischen Debatte wächst, während die sachlichen Differenzen schwinden. Sie erscheint den Regisseuren der Inszenierung, die den öffentlichen Diskurs ins Bild bringen, als letzter Weg, im wuchernden Dschungel von Information und Meinungen ein wenig Aufmerksamkeit, Engagement, Klarheit, Parteinahme doch noch zu ergattern.

Mag die Arbeit der Zuspitzung, auf die Peter Glotz sich im Amt des Parteigeschäftsführers berief, ein forensisches Recht haben, wie das Plädoyer des Anwalts, von dem auch keiner erwartet, daß er die Schwächen seines Mandanten bloßlegt. Das können die gegenstandslosen Polarisierungen nicht beanspruchen, die Sachkonflikte nicht zuspitzen, sondern ersetzen. Selbstgefertigte Zerrbilder des Gegners gewinnen ein Eigenleben, wo Realkonflikte fehlen oder verschwiegen werden.

Sprache erzeugt in der Strategie der falschen Polarisierung, die normaler Ritus von Wahlkampfinszenierungen wird, einen kognitiven Schein. Metaphern fechten als überpersönliche Mächte um Wohl und Wehe der Gemeinschaft.

Sinnfälliger als all das ist die Inszenierung des Scheins durch den Augenschein von Handlung. Das Kind auf der Schulter von Johannes Rau, Reagan auf dem Lehrerpult im Gespräch mit der ganzen Klasse, Wörner im Pilotendreß, Töpfer im Rhein, Blüm in der Höhle des Löwen, oder was sonst auf den Plakatwänden, Bildschirmen und Zeitungsseiten ins Bild kommt, erscheinen wie Erfahrung mit der Beglaubigung der unverfälschten Sinne. Wenn irgend etwas in der ganzen Unübersichtlichkeit, sollte doch das

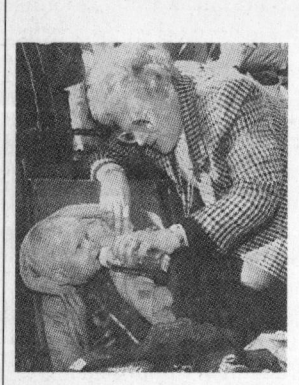

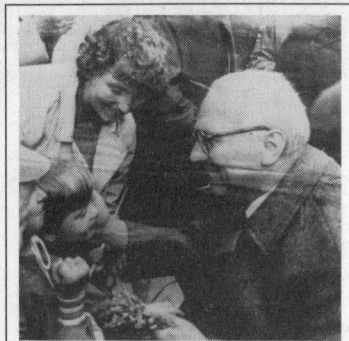

real sein, was wir wahrnehmen, wenn wir unsere fünf Sinne beieinander haben. Was nur gestellt wurde, um das Bild zu machen,
gewinnt im Abbild den Anschein wirklichster Wirklichkeit. Die
Hand malt die Hand, die die Hand malt.

Augenscheinlich

Die abgründige Doppeldeutigkeit des Wortes »augenscheinlich«
birgt ein Geheimnis und enthüllt es zugleich. In seinen unterschiedlichen Verwendungen bezeichnet es zwei entgegengesetzte
Behauptungen, und zwar beide Male in starker Form.

Das eine Mal sprechen wir von einem Beweis durch den Augenschein. Wir glauben dann, einen stärkeren Beweis für das Bestehen
eines Sachverhaltes, für die Wahrheit einer Behauptung, als den
der eigenen Augen könne es gar nicht geben. Was die eigenen
Augen geschaut haben, wissen wir sicherer als alles, was wir sonst
zu wissen meinen. Bei Gericht ist eine Sprache üblich, die den
Quantensprung in den Graden der Sicherheit des Wissens so klas-
sifiziert: durch Augenschein beweisen, durch bloßes Hörensagen
erfahren, also gerüchteweise.

Das andere Mal fließt Skepsis ein und der Wortbestandteil
Schein nimmt sich sein Recht. Spätestens seit der kopernikani-
schen Wende wissen wir sicherer, als es die Augen im Schein ihrer
unmittelbaren Bilder je könnten, daß nichts so trügerisch sein
kann wie Augenschein.

Die Sprache hat diesem kleinen Wort die ganze Last der Zwie-
spältigkeit des Bildereindruckes aufgelastet. Seit dem Beginn der
Moderne, seit dem Triumphzug der systematischen Naturwis-
senschaft wissen wir ja, beides ist wahr. Klarste Beweise und
trügerischster Schein, beides können die Augen uns liefern. Es
kommt darauf an, was wir mit ihnen machen.

Noch heute, wo das kopernikanische Weltbild in jede Kinder-
stube dringt, fällt es uns schwer, gegen den Augenschein anzuden-
ken. Die Augen haben wir seither in Verdacht, zugleich Quelle der
unbezweifelbarsten Gewißheit und Lieferanten verschrobenster
Halluzinationen zu sein. Durch Augenschein dem Zweifel entzogen. Aus bloßem Augenschein.

Dies ist, wie es scheint, die unaufhebbare Dialektik des wahrge-
nommenen Bildes, dem die Vorlagen in unserer Wahrnehmung

ebenso gehorchen wie die Abbilder. Alle Bilder sind wirklich. Alle Sätze sind wirklich. Das ist nicht dasselbe. Bilder scheinen als Fakten wirklich zu sein, Sätze nur als Behauptungen über Fakten.

»So weist z. B. Noelle-Neumann auf eine Erhebung hin, in der 50% der Bevölkerung der Bundesrepublik das Fernsehen als das glaubwürdigste Medium einstufen. Die Tageszeitung wurde zum Vergleich nur von 14% der Bevölkerung als am glaubwürdigsten bezeichnet. In den USA ließ sich ebenso aus verschiedenen nationalen Umfragen die überragende Bedeutung des Fernsehens gegenüber den Zeitungen erkennen. Dem Fernsehen wird mehr geglaubt als den Zeitungen. Die Erhebungsfragen, die in den Umfragen verwendet werden, sind freilich nicht unkritisiert geblieben. Mit einer anderen Frageform, die auf eine Einzelbeurteilung der verschiedenen Medien abzielte, konnte aber die überragende Glaubwürdigkeit des Fernsehens nicht in Frage gestellt werden.« So wird der Stand der empirischen Medienwirkungsforschung referiert (Schenk, S. 80). Natürlich, wie immer in solchen Fällen, säuberlich abgestuft nach Alter, Geschlecht und Bildung, aber insgesamt eben so.

Bei dieser Feststellung über die Wirkung von Bildern geht es zunächst nicht um Verstehen oder Erinnern. Es geht um Vertrauen, um die Tatsache, daß dem Bildmedium allein wegen des Bildes überlegene Glaubwürdigkeit zugesprochen wird. »Selbst wenn wir beim Fernsehen denken – sehr wenig meist –, rutschen die Bilder dennoch durch« (Mander, S. 224). Das als Abbild auftretende Bild hinterläßt immer den überragenden Eindruck von Authentizität, während noch der stärkste Beweis die Schwächen bloßer Behauptung nicht abstreifen kann.

Sprache und Bild haben in unserer Wahrnehmung nicht denselben ontologischen Rang. Neil Postman hat dieser Differenz seinen kulturkritischen Essay *Wir amüsieren uns zu Tode* gewidmet, weil sie für die Grammatik der öffentlichen Diskurse ausschlaggebend ist. Wie viele andere Kritiker der Fernsehzivilisation spricht er in seinen Attacken einfach vom Bild, wenn er die Fernsehbilder meint. Als ob über die Wirkung der *Demoiselles D'Avignon* im Musée Picasso, *Warten auf Godot* im Kammerspiel, einen Film von Godard oder was sonst dasselbe zu sagen wäre wie über eine Sendung des Fernsehpredigers Pat Robertson, eine Talkshow oder die Tagesschau.

Wasserfall, M. C. Escher, 1961

Für die fotografischen Konstruktionen, die wir im Fernsehen als Abbilder sehen, trifft seine Beschreibung das Bild. Für Bilder ist es ein Leichtes, sich gegen Worte durchzusetzen. Filmbilder, das weiß jeder Fernsehproduzent, rechtfertigen sich selbst. Während wir Wörter verstehen müssen, brauchen wir Bilder nur zu erkennen (S. 128, 93).

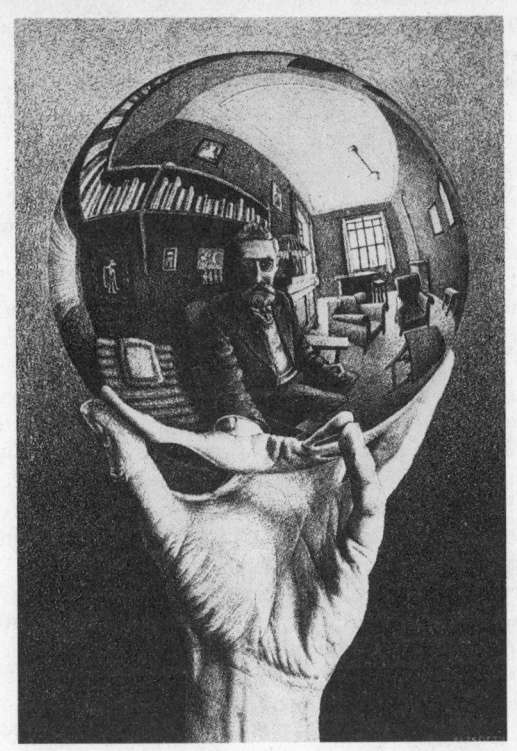

Hand mit Spiegelkugel, M. C. Escher, 1935

Das Wort bedarf der Rechtfertigung durch viele Worte, die der Rechtfertigung bedürfen. Das Bild ist, wo es als Abbild erscheint, seine eigene fraglose Beglaubigung. Worte, erst recht Sätze, sind Konzeptionen, die immer mehr umfassen, als sich einlösen ließe. Bilder erscheinen als das Einzelne, an dem sich am Ende alle Konzeptionen bewähren müssen. Wer argumentiert, setzt den Zweifel voraus. Wer Bilder zeigt, baut auf die metaphysische Gewißheit des Augenscheins.

Bilder scheinen für sich selbst nicht nur zu stehen, sondern ebenso zu sprechen. Worte verweisen auf Zusammenhänge, Voraussetzungen und Urheberschaft. Die Sprache der Bilder ist nicht die Sprache. Die Rede von einer »Logik«, »Grammatik« oder »Syntax« der Bildsprache hebt die entscheidende Differenz nicht auf. Das Abbild verschweigt seinen Urheber, das Wort verweist auf ihn. Das Abbild tritt auf, als kopierte sich die Welt der Objekte in der technischen Apparatur selbst. Die Sprache kann niemals umhin, auf den zu verweisen, der sich ihrer bedient. Wer hat das gesagt? Wer außer versierten Artisten würde das Abbild je fragen. Wer hat das gezeigt? Das Sagen wirkt unvermeidlich wie etwas, das zwischen uns und die Sache tritt. Das Zeigen wirkt, als würde ein Vorhang beiseite gezogen. Beim ersten Vorgang kommt alles auf den Urheber an, beim zweiten spielt er keine Rolle. Der ontologische Vorrang der Bilder erzeugt ihre überlegene Glaubwürdigkeit, auch wenn sie lügen wie gedruckt.

Visuelle Fakten, Abbilder so gut wie Bilder, Grafiken so gut wie Zeichnungen, haben zwei weitere überlegene Eigenschaften. Sie erschließen, wenn sie dafür nutzbar gemacht werden, leichter Verständnis. Sie bleiben klarer und länger im Gedächtnis haften. Das ist eine jüngere Erkenntnis in Pädagogik und Medienforschung. Die Medien leben von ihr. Die pädagogische Praxis nimmt sie selten zur Kenntnis.

Experimente mit der Wirkung von Medien haben den Beweis erbracht. Die Bildwelt des Fernsehens ist am einprägsamsten. Sie erzeugt eine stärkere Gefühlsbindung an das Erfahrene. Sie bleibt am längsten haften (Schenk, S. 78 ff.).

In der Lerntheorie gilt eine Formel aus dem Boxsport: Ein Schlag aufs Auge ist mehr wert als drei aufs Ohr. Oder auch: Wenn ich es höre, vergesse ich es, wenn ich es sehe, erinnere ich mich daran. Was einer nur gehört hat, behält er auf die Dauer im Durchschnitt zu nur zwanzig Prozent. Was er nur gesehen hat, zu dreißig, was er gesehen und gehört hat, zu fünfzig, was er aber gehört, gesehen und besprochen hat, zu siebzig Prozent. Eindrücklichkeit, Nachdrücklichkeit und Gefühlsbindung, kein Informationsmedium sonst kann das bieten.

Medienwirkungsuntersuchungen haben auch gezeigt, im Falle von Divergenz und Widerspruch in den Audiovisionen des Fernsehens überrennt das Bild mühelos den Ton. Reagans Medienprofis pflegten sich folgerichtig auch für Verrißsendungen zu bedanken, wenn nur die Bilder stimmten. Und die stimmten bei Reagan immer.

Natürlich macht es einen Unterschied, ob jemand somnambul

am Fluß eines endlosen Bilderstromes dahindämmert oder in einer eingerichteten Lernsituation einer wohlsortierten Auswahl optischer Konstruktionen ausgesetzt wird. Der ontologische Vorrang des optischen Eindrucks ist aber immer wirksam. Er kommt dem Medium Fernsehen vor allen Inhalten systematisch zugute. Er zeichnet noch die durchsichtigste Scheinhandlung mit einer Authentizität und Nachdrücklichkeit aus, die lange wirkt, auch wo sie längst durchschaut ist. Noch gegen den dümmsten Augenschein müssen wir nachhaltig anreflektieren. Der Erfolg bleibt stets mäßig, die Wirkung fast immer prekär. Auch das widerlegte Bild scheint wie ein Erlebnis immer wieder in uns auf. Wir drehen auch im vierten Jahrhundert nach Kopernikus abends nicht weg. Die Sonne geht dem Auge, dem Weltbild und dem Gemüt immer noch unter. Bilder lügen nicht, meint unser Gedächtnis, auch wenn der Verstand es besser weiß. Wie gedruckt lügen, nicht wie gezeigt oder gesehen.

»Die westliche Gesellschaft mit ihrer Überbetonung der objektiven geistigen Erfahrungsweisen neigt nicht nur zur Blindheit gegenüber der Macht der Bilder, sondern auch zur Blindheit gegenüber der Tatsache, daß wir gegen sie fast wehrlos sind.« (Mander, S. 223)

Darum ist die Inszenierung des Scheins der Konstruktion von Ideologien turmhoch überlegen. Sie muß nichts behaupten und ist doch unwiderlegich. Sie kann zeigen, was nicht ist, ohne lügen zu müssen. Sie prägt sich als Erfahrung unvergeßlich ein, auch wenn der Verstand später die Täuschung durchschaute. Das Interesse, die Macht, der fremde Wille überreden nicht mehr, sie zeigen uns nur die Welt.

4. Politische Symbole und symbolische Politik

Symbole

Der Brockhaus meint, ein Beispiel des Symbols sei der Kuß. Das wäre wohl einleuchtend, hätte er Breschnew oder einer der anderen professionellen Politküsser im Sinn, für die er etwas anderes kaum sein könnte. Es geht auch anders. Ein Kuß, der seinen Namen verdient, verweist auf nichts anderes. Er ist die Sache selbst. Der Brockhaus hat immer eine klare Definition. Der Kuß ist die »Berührung eines Menschen mit den Lippen zum Zeichen der Verehrung, Liebe, Freundschaft.« Es gibt also die Verwechslung von Tat und Zeichen, von der die symbolische Inszenierung lebt, die Vertauschung von Wirklichkeit und Schein auch in der anderen Richtung. Die Sache selbst erscheint als ihr eigener Schein.

Der Begriff Symbol ist geläufig, doch schwer zu fassen. Fließende Übergänge nach allen Seiten, vielfältige Anwendungen, die kaum zur Deckung gelangen.

Der öffentlich exekutierte Mord am Ehepaar Ceaucescu im Dezember 1989 zum Beispiel. Der Mord war real, in seiner Unwiderruflichkeit unüberbietbar real. Vollzogen wurde er als Symbol. Es ging den Übergangsherrschern um nichts anderes als eine unmißverstehbare symbolische Inszenierung. Die Liquidation seiner Repräsentanten sollte die Warnung bekräftigen, für das alte System werde es keine Wiederkehr geben. Während der schonungslose Kampf der Securitate gegen die neuen Verhältnisse ungebrochen wütete, wurde ihr und allen, die es betreffen mochte, eine drastische symbolische Botschaft oktroyiert. Es ist alles vergebens. Der Tod des Regimes ist so unwiderruflich wie die Hinrichtung seiner Repräsentanten.

Die Instrumentalisierung der letzten Wirklichkeit als bloßes Symbol greift, auch in unserer Zeit, zu ganz anderen Maßverhältnissen und Schrecken, wo die Umstände günstig sind. Was Jan Myrdal kurz nach der Tat an Ort und Stelle in Neu Delhi noch mutmaßte, ist mittlerweile erwiesen. Im Jahre 1984 haben dort gewählte Volksvertreter mit Lockungen, Insinuation und Geld, umsichtig und gründlich vorbereitet, Massenmorde an Angehörigen einer Minderheit inszeniert, um nichts weiter als ihre Wahl-

Auf symbolischer Ebene

»Diese ungewöhnliche Miniaturzeichnung zeigt eine mythologische Szene: das geflügelte ›Trick-Pferd‹ besteht aus mehreren kunstvoll ineinander verwobenen kopulierenden Paaren. In vielen orientalischen Kulturen wird die Macht des Sexus auf einer symbolischen Ebene verwendet, auf der Grundlage des Glaubens, daß sie hilft, das Glück anzuziehen.«

chancen zu verbessern. Massenmord als Symbol. Die äußerste Realität als bloßes Zeichen.

Als Joseph Beuys aus Anlaß der Dokumenta 1987 die ersten von 10 000 Eichen pflanzte, war das eine Realhandlung, die als Symbol wirkte. Ein einziger Baum oder zwei wären nicht mehr als der Hinweis gewesen, daß es gelte, Bäume zu pflanzen, und daß Kunst und Leben nicht zweierlei sind. 10 000 Eichen, das war ein doppeltes Symbol und eine tätliche Veränderung der Wirklichkeit in einem. Ironische Symbolik enthielt die Wahl der Eiche, die doch der Stammbaum der Deutschen sein sollte, während diese drauf und dran waren, ihrem Wald den Garaus zu machen. Symbolisch war die Aktion als Verweis auf das, was Not tat und auf die Aufgaben von Kunst in dieser Zeit. Real war sie, indem sie über den symbolischen Verweis hinaus selbst schon unternahm, was sie herausfordern wollte.

Die Realhandlung selbst wäre ein Stück substantieller Wirklichkeit gewesen, ohne sonst etwas sein zu müssen. Sie wurde zur Symbolhandlung durch den demonstrativen Akt und den Kontext, in der einer sie formte, der die Aufmerksamkeit zu mobilisieren vermochte, die zur Tat hinzutreten mußte, um ihren symbolischen Überschuß hervortreten zu lassen.

Symbol ist eine Sache oder Handlung nicht an sich, sondern durch das Sprachspiel und den Handlungszusammenhang, die sie dazu machen. Symbol ist kein Ding, sondern eine lebendige, soziale Relation, die aufleben und erlöschen kann, je nach dem Wandel der sozialen Lebensform, in der sie sich entfaltet. Darum legen selbst anspruchsvolle Definitionen von Symbol fast stets zugleich zu viel und zu wenig in die Deutung.

Es ist eine umstrittene Frage, ob die unbestrittene Bestimmung Susanne Langers das Symbol ausreichend von den anderen Zeichen der Repräsentation unterscheidet. Sie prägte eine legendäre Definition. »Symbole sind nicht Stellvertretungen ihrer Gegenstände, sondern Vehikel für die Vorstellung von Gegenständen. Ein Ding oder eine Situation sich vorstellen ist nicht das gleiche wie sichtbar darauf reagieren oder ihrer Gegenwart gewahr sein. Die Vorstellungen, nicht die Dinge sind das, was Symbole direkt meinen« (Langer, S. 69). Diese einflußreiche Beschreibung steht in der nüchtern kognitiven Tradition Ernst Cassirers. Sie ist vor allem an der Funktion von Symbolen in der Sprache interessiert. Es handelt sich um eine semantische Minimaldefinition, die allzuviel von dem nicht zu erklären vermag, wofür Symbol in wichtigen Verwendungen steht.

Symbole, die uns vor allem bewegen, beschränken sich auf die karge Rolle des »Vehikels von Vorstellungen« nicht. Auch sind es keineswegs immer Vorstellungen, was sie in Bewegung setzen.

»Symbol« erscheint vielmehr als Familienbegriff für eine Gruppe von Zeichen, die neben wesentlichen Gemeinsamkeiten irreduzible Unterschiede aufweisen. Kein Symbol hat alle Eigenschaften, die ein Symbol haben kann, manche haben solche, die dem widersprechen, was ein anderes gerade bestimmt.

Goethe verwies auf die interpretierende Kraft des Symbols. Es sei ein Besonderes mit der Macht Allgemeines verständlich werden zu lassen. So ist im Ausschluß an ihn präzisiert worden, »das Symbol ist kein semiotisches, es ist ein hermeneutisches Phänomen« (Kurz, S. 79). Nicht in irgendeiner Vorstellung, sondern erst in der Fähigkeit, in der Wahrnehmung des einzelnen Zeichens einen ganzen Zusammenhang zu verstehen, beruhe die Eigenart der Symbolisierung.

Vielleicht nicht alle, aber viele und wichtige Symbole beschwören nicht nur Vorstellungen, sondern Gefühle, Wertungen, Stellungnahmen. Sie wirken als Sinnbilder, die zur Identifikation, Projektion oder Distanz bewegen.

Charles W. Morris hat die Symbolisierung als Stellvertreterreiz beschrieben. Sie rufe in uns nicht die gleiche Vorstellung, sondern die gleiche Reaktion hervor wie die Dinge, die sie repräsentieren, gleichgültig, um welche Art von Reaktion es geht. Symbole können mithin unedlere Vorgänge in uns freisetzen als nur Vorstellungen. Diese behavioristische Theorie überbrückt selbst noch den Sprung zwischen menschlichen und tierischen Reaktionsweisen, auf die die Hochfassungen des Symbolbegriffs gerade angelegt sind.

Weil Symbole konkret auf die Sinne wirken (können), obgleich sie doch etwas Abstraktes mitteilen wollen, und grob und kurz darstellen, was komplex und subtil ist, wertete der Psychoanalytiker Ernest Jones sie als eine Regression der Erkenntnisweise auf ontogenetischer und phylogenetischer Ebene. Sie bedienen sich durch die sinnliche Form der Vermittlung und die Vergröberung des Mitgeteilten einer Erkenntnisweise, über die die Menschheit als ganzes und der erwachsene Einzelne heute längst hinweggeschritten sind.

Die Übernahme des Symbolbegriffs in die Sozialwissenschaft führt regelmäßig zu einer eigentümlichen Konfusion. Die höchst unterschiedlichen Beschreibungen dessen, was das Symbol bestimmt, werden, auch da, wo sie einander widersprechen, und auch, wo sie miteinander wenig zu tun haben, aufgelistet, als bildeten sie in ihrer Gesamtheit eine additive Bestimmung des Symbolischen. Dabei löst doch das perlende Glas Bier auf der Werbetafel an heißen Tagen ganz andere Vorgänge aus als das Gleichheitszeichen der Mathematik, die Bundesfahne, die Nationalhymne, wenn sie denn noch etwas auslösen sollte, der Begriff Weisheit oder der Bundesminister, der im Schmutzwasser schwimmt.

Symbole erfüllen immer eine Stellvertreterfunktion. Sie stehen für einen Zusammenhang, der selbst nicht gegenwärtig ist, den ihre Wahrnehmung aber vergegenwärtigt. Dabei wechselt von Fall zu Fall, was dieser Zusammenhang in uns auslöst, Gedanken, Emotionen, Imaginationen, Reflexe. Es kommt ganz darauf an. Noch mehr kommt es darauf an, ob ein Symbol in seiner wirklichen Anwendung Zusammenhänge sichtbar werden läßt, verdeckt, entstellt oder nur andeutet.

Das läßt sich nicht aus dem Begriff deduzieren. Es ist in der Anwendung zu studieren. Das gilt nicht nur für das Symbol als Zeichen, sondern mehr noch für das Symbol als Handlung, für symbolisches Handeln. Es kann als Symbol all das sein, was ein Symbol überhaupt zu sein vermag. In der Wirkung auch Entgegengesetztes.

Symbole, so viel steht fest, verweisen immer auf einen Zusammenhang, der selbst nicht gegenwärtig ist. So gesehen brauchte der Symbolbegriff offenbar in einer Abhandlung über symbolische Politik paradoxerweise gar nicht in Erscheinung zu treten. Symbolische Politik ist ja gerade eine sinnenfällige Inszenierung, für die der Zusammenhang, auf den sie zu verweisen scheint, nur als trügerische Suggestion existiert. Ein Symbol aber, das nur für sich selber spricht, ist kein Symbol. Symbolische Politik also, so wäre zu folgern, enthält das gerade nicht, wodurch sie in ihrer Form bestimmt ist. Eine paradoxe Lage.

Harry Pross hat die Relation beschrieben, die bestehen muß, damit etwas zum Zeichen wird. Symbole sind ja mindestens auch Zeichen. »Die Allgemeinheit von etwas schließt nur eine Bestimmung aus: etwas ist nicht nichts. Wo etwas ist, kann zwar etwas sein, das uns nichts bedeutet, aber da stellt sich die Frage nach der

Bedeutung, die auf die Interpretation zielt, nicht auf das Mittel. Daß etwas für etwas anderes steht, kann nur heißen, daß etwas da ist und nicht nichts da ist, und daß außerdem noch etwas da ist, und auch dort nicht nichts« (Pross, S. 16). Die Zeichen, von denen symbolische Politik lebt, sind aber gerade von der Art, die hier wohl etwas, aber dort durchaus nichts vertritt. Unzeichen, Unsymbole also?

Das ist die halbe Wahrheit. Tatsächlich enthalten diese Pseudosymbole durch die Kunst ihrer Inszenierung eine magische Energie. Sie beschwören den Zusammenhang, auf den sie nur zum Schein verweisen, in suggestiver Fiktion herbei, als sei er – anderswo – vorhanden. Symbolfiktionen, fingierte Symbole, Vehikel der Fiktion.

Die Symbole der symbolischen Politik sind wirkliche Symbole, obgleich das, was sie zu symbolisieren scheinen, nicht wirklich ist. Sie vergegenwärtigen den fiktiven Zusammenhang ja wirklich. Für den realen Status der Vorstellungen, deren Vehikel sie sind, können sie nicht zur Rechenschaft gezogen werden. Sie sind nur für den Transport verantwortlich, nicht für die Qualität der Lieferung.

In diesem Sinne sind die Symbole, derer sich symbolische Politik bedient, durchaus vollständig. Der trügerische Schein ergibt sich erst in ihrer Verwendung. Sie beschwören Vorstellungen über Tatbestände herauf und die Vorstellung, daß diese bestehen, wenn sie nicht bestehen. Sie sind Vehikel der Vorstellung des Scheins als Wirklichkeit.

Dies gilt für die Form symbolischen Handelns, die als Placebopolitik wirkt. Es gibt, entsprechend der Vielfalt im Symbolbegriff selbst, auch andere Varianten symbolischer Politik. Und es gibt andere Verwendungen des Symbols in der Politik.

Verweisungssymbole beziehen, was wir sehen oder hören, auf einen anderen Sachverhalt. Verdichtungssymbole fassen komplexe Verhältnisse zusammen. Symbolhandlungen liefern in Aktionen sinnfällige Deutungen von Wirklichkeit. Sie alle sind als Medien der Verständigung universell. Sie sind als Instrumente der Inszenierung von Schein allgegenwärtig. Den symbolischen Formen ist nicht auf die Stirn geschrieben, ob sie nur Hausnummern in potemkinschen Dörfern sind oder Chiffren der Verständigung.

Die Verselbständigung der Inszenierung

In den sechziger Jahren hatte der amerikanische Politikwissenschaftler Murray Edelman den Blick für die alte Realität geöffnet, die nun erst in voller Gestalt sichtbar wurde. Die Realität des Politischen verdoppelt sich stets systematisch in zwei gegebenenfalls voneinander weitgehend unabhängige Wirklichkeiten. Politische Handlungen haben in der Regel eine »instrumentelle« Funktion, denn sie erzeugen Wirkungen im Kampf um Güter, Dienstleistungen und Macht. Sie haben stets aber zugleich eine »expressive«, nämlich symbolische Funktion, denn sie suggerieren durch die Art ihres Vollzugs immer auch eine Deutung ihrer selbst und der Gesellschaft im ganzen.

Die symbolische Bedeutung und Wirkung politischer Aktionen hängt unter Umständen in keiner Weise mehr von den tatsächlichen Auswirkungen der politischen Handlungen ab, deren expressive Dimension die symbolischen Deutungen hervorbringt. Ein intrumenteller Gebrauchswert wird in solchen Fällen nur noch pro forma, andeutungsweise produziert, um den symbolische Tauschwert zu gewinnen, um den es allein noch geht. Symbolische Politik wird zum Ganzen. Der uralte Sachverhalt war im Zenit seiner Selbstentfaltung in Fernsehamerika mit Händen greifbar geworden.

Dem neuen Paradigma zufolge ist die politische Welt auf eine schillernde und häufig schwer zu entziffernde Weise zweidimensional. Die eine Dimension ist »die unmittelbar gegebene Welt, in der man Dinge macht oder tut, die direkt beobachtbare Folgen zeitigen. Bei diesen Aktivitäten kann man seine Taten und Überlegungen mit deren Folgen vergleichen und Irrtümer korrigieren: es findet eine Rückkoppelung statt. Doch nur sehr wenige Menschen haben mit der Politik auf diese direkte Weise zu tun.« (Edelman, S. 4)

Die andere Dimension ist eine Welt als Produkt expressiver politischer Akte: »Politik spielt sich für die Mehrheit die meiste Zeit im Kopf ab, als eine Flut von Bildern, mit der Zeitungen, Illustrierte, Fernsehen und politische Diskussionen sie überschütten. Diese Bilder schaffen ein bewegtes Panoptikum aus einer Welt, zu der die Massen praktisch niemals Zutritt haben, die sie aber schmähen oder bejubeln dürfen...« (Ebd., S. 4).

Die politische Welt hat immer beide Dimensionen. Sie kann

Familienpropaganda unter Ceaucescu

Isolationsstation im rumänischen Kinderheim Cighid

nicht auf jene Rituale und Mythen verzichten, die letztendlich die Einheit eines Gemeinwesens stiften und die emotionale Verbindung der Sehnsüchte, Hoffnungen, Ängste und Wünsche der Massen mit dem gesellschaftlichen Geschehen auf eine verläßliche Weise schaffen. Rituelle Gemeinschaftshandlungen, durch deren Vollzug an eine tieferliegende Einheit des Ganzen appelliert wird, mythische Stilisierungen öffentlicher Amtspersonen und kollektiver Handlungen, in denen die Bedeutung des gesellschaftlichen Geschehens mit den Sinnerwartungen der Menschen wirksam verknüpft werden, sind Formen symbolischer Politik, die dem politischen Geschehen von Hause aus eignen.

Edelmans Strukturbestimmung der beiden Dimensionen des Politischen legt aber zugleich nahe, daß die Rolle der symbolischen Politik in einer Welt beträchtlich zunehmen muß, in der die Chance zur Primärerfahrung politischer Aktionen und ihrer Folgen für die meisten Menschen aus strukturellen Gründen radikal schwindet. Während es nämlich ein Kennzeichen der »unmittelbar gegebenen Welt« ist, daß die Folgen der instrumentellen Aktionen, aus denen sie besteht, empirisch direkt überprüft werden können, sind die Folgen der expressiven symbolischen Akte nur schwer oder gar nicht überprüfbar.

Das liegt zum einen schon darin begründet, daß die Beziehungen zwischen der Welt der Symbole und der der instrumentellen Handlungen für den einzelnen Betrachter allenfalls noch mit Mühe und nur in einzelnen Fällen genauer verfolgt werden können. Es liegt aber ebenso daran, daß die symbolischen Aktionen selber häufig von einer Diffusität der Deutungen und Erwartungen geprägt sind, die eine wirkliche Überprüfung, selbst wenn die Folgen der mit ihr verbundenen instrumentellen Handlungen zutage liegen, letztlich vereiteln.

Daher gewinnt die symbolische Dimension der Politik in dem Maße an Bedeutung für das politische Geschehen, wie zwei der kennzeichnenden Eigenschaften moderner Gesellschaften dominant werden. Die eine ist die wachsende Komplexität der Strukturen und des Geschehens, die eine direkte Beobachtung, Überprüfung und Urteilsbildung der Fülle der instrumentellen Handlungen, die ihn möglicherweise betreffen, dem einzelnen immer weniger möglich macht, selbst wenn er sich nach Kräften um sie bemühte. Die andere ist die Ersetzung der Eigenerfahrung dieser komplexen Realität durch Informationen aus zweiter Hand,

Das rumänische Politbüro

Prozeß gegen Sekuritate-Mitglieder

durch eine Medienwelt, in der immer schon selektiert, interpretiert, gewichtet, verknüpft, getrennt oder eben fingiert ist, was der einzelne über die Welt, in der er lebt, überhaupt noch wissen kann.

Unter diesen Umständen gewinnt die symbolische Dimension der Politik eine Schlüsselstellung in doppeltem Sinne. Einerseits sehen sich die Konsumenten der modernen Massendemokratien zunehmend dazu verurteilt, den Zugang zu ihrer Welt nur noch über die von anderen vorstrukturierten symbolischen Expressionen zu finden. Andererseits wächst eben dadurch die Verführung für die Akteure und Produzenten des politischen Geschehens, aber ebenso für die politisch ambitionierten Medien, ihre Handlungen von vornherein im Hinblick auf ihre gewünschten symbolischen Wirkungen zu entwerfen. Sie inszenieren zum eigenen instrumentellen Handeln zugleich auch noch die Modelle ihrer erwünschten Deutung mit. Und nicht selten schrumpfen die instrumentellen Handlungen auf jenes schiere Minimum zusammen, das unerläßlich ist, um die symbolischen Wirkungen zu vermitteln.

Handeln mit Symbolen, symbolisches Handeln

Politische Symbolik und symbolische Politik sind zweierlei. Es macht wenig Sinn, schon den bloßen Gebrauch politischer Symbole symbolische Politik zu nennen. Dann wäre alle Politik unterschiedslos symbolische, denn sie ist, wie alle Kommunikation, ohne den Gebrauch von Symbolen nicht möglich. Jede Rede, jede Aktion, jedes Ritual, jede Prozedur ist voll davon. Menschliches Handeln selbst ist so gut wie in jeder Hinsicht symbolisch vermittelt. Wäre symbolische Politik nichts weiter als der Gebrauch politischer Symbole, so wäre sie einfach, was jede Politik ist, politische Politik.

Diese Gleichsetzung ist weit verbreitet. Sie nimmt der höchst problematischen Kommunikationsstrategie »symbolische Politik« von vornherein die Spitze. Selbst Ulrich Sarcinelli, der mit seiner Studie viel zum Verständnis der verzerrten Kommunikation beigetragen hat, die symbolische Politik ist, definiert beide Begriffe so, als seien sie austauschbar (1988, S. 265). So gedehnte Begriffe verdecken, was sie zeigen sollen.

Kohl und Mitterrand auf den Schlachtfeldern des Ersten Weltkriegs
vor Verdun, 22. 9. 1984

Symbolische Politik ist symbolisches Handeln zu politischen Zwecken. Aber nicht das Handeln mit Symbolen, sondern als Symbol. Symbolische Politik brauchte sich im Zweifel gerade keiner Symbole zu bedienen, weil sie selbst in die Rolle des Symbols schlüpft. Der Kniefall Brandts, stumm wie er war, gebrauchte keine politischen Symbole. Er war Symbol. Die Rheinpassage Töpfers war zwar in reichlich Ankündigung und Kommentar verpackt. Die spielten aber so gut wie keine Rolle. Auch da war die Tat selbst das Symbol. Nicht so sehr für das, was der Regisseur ins Bild bringen wollte, mehr dafür, wie weit die Regie nun schon geht.

Die Tat als Symbol, als das andere ihrer selbst. Nicht, um zu bewirken, worauf sie in ihrem Vollzug gerichtet zu sein schien, sondern allein, um Wahrnehmung und Kommunikation in Dienst zu nehmen. Edelman hat vorgeschlagen, zwischen Symbolen zu unterscheiden, die einen Zusammenhang interpretierend verdichten, und solchen, die auf andere Zusammenhänge nur verweisen. Im kritischen, wenn auch häufigen Grenzfall stellt symbolische Politik ein Handeln zur Schau, das nichts Wirkliches verdichtet und auf nichts Wirkliches verweist. Ein Handeln also, das das, worauf es zu verweisen scheint, durch den Verweis nur inszeniert. Scheinhandeln. Aber nicht die Handlung ist der Schein, sondern das, worauf sie verweist. Im Grenzfall, einer Grenze allerdings, die mehr und mehr zur eigentlichen Landschaft wird, ist symbolische Politik Placebo-Politik, Politik der leerlaufenden Symbolik ohne Realbezug. Eine asymmetrische Kommunikationsform. Ein strategisches Handeln, das keine Argumente bietet, sondern Wahrnehmung steuern will. Dies gilt für symbolische Politik von oben.

Symbolische Politik von unten teilt zwar die Natur des Scheins. Sie weist aber wesentlich darüber hinaus. Sie gibt nicht vor, ihr Symbolhandeln sei real, sondern offenbart dessen Scheinhaftigkeit, um es offen als Dramatisierungsritual einer gestörten Verständigung einzusetzen. Sie macht sich nicht der Täuschung schuldig, denn sie macht den Schein in der Weise seiner Produktion durchsichtig. Ihre Folgen werden gerade dadurch höchst real. Sie setzt eine Reflexion über den Sinn der Inszenierung frei, weil sie die Inszenierung als Stilmittel erstrebter Verständigung zugleich einsetzt und als solche kenntlich macht.

Symbolische Politik von unten ist Meta-Inszenierung, Inszenierung, die will, daß sie durchschaut wird. Sozusagen Placebo-Politik, die uns veranlaßt, in uns zu gehen, um zu ergründen, ob wir das Placebo wirklich nötig haben.

Symbolische Politik von oben lebt davon, daß wir das Placebo schlucken, als wäre es gute Medizin. Symbolische Politik von unten bietet es uns augenzwinkernd an, damit wir uns auf das, was wir tun, neu besinnen. Symbolische Politik von unten enthüllt das, was die von oben verschleiert. Das ist der klassische Unterschied von Manipulation und Aufklärung.

Komplexität I. Erklärungsangebot

Die neuere Gesellschaftstheorie kreist um den Begriff des komplexen Systems. Alle sozialen Vorgänge und die individuellen Reaktionen auf sie werden unter dem Gesichtspunkt der extrem hohen Komplexität moderner Sozialsysteme neu gedeutet. Dieser Ansatz erledigt ganze Generationen älterer Theorien, die Gesellschaften nach dem einfachen Muster von Zweck, Handlung und Rolle verstanden und Politik als die Machtachse, die einer ganzen Gesellschaft Bewegung und Richtung verleiht.

Unter dem Gesichtspunkt der Komplexität erscheinen gesellschaftliche Vorgänge in einem neuen Licht, nämlich als Teilfunktionen in einem System, die von anderen Teilfunktionen angestoßen sind und wieder andere anstoßen. Dabei ergibt sich kein Blick aufs Ganze. Es findet sich kein Archimedischer Punkt, von dem aus es in Bewegung gesetzt oder gelenkt werden könnte. Ein System aus verschränkten Teilsystemen, das durch Funktionen zusammengehalten wird, die in ihm ablaufen, ohne daß ein Wille, eine Einsicht oder blanke Macht Überblick und Herrschaft über das Ganze erlangen könnten. Auf diesen Möglichkeiten hatten die vorkomplexen Sozialtheorien im wesentlichen beruht. Auf dieser Grundlage lieferten sie ihre Erklärungen, aus ihr bezogen sie die Gesichtspunkte ihrer Kritik.

Zu Recht konnte dem alten Paradigma gegenüber Niklas Luhmann, als er das neue in der deutschen Sozialwissenschaft einflußreich zu etablieren begann, den Titel »Soziologische Aufklärung« in Anspruch nehmen. Unter dem Gesichtspunkt extremer Komplexität erscheinen die soziale Welt und alle ihre Teile in einem veränderten Licht. »Bei Zunahme der Zahl der Elemente, die in

Begegnung, M. C. Escher, 1944

einem System als dessen Umwelt zusammengehalten werden müssen, stößt man sehr rasch an eine Schwelle, von der ab es nicht mehr möglich ist, jedes Element zu jedem anderen in Beziehung zu setzen. An diesen Befund kann eine Bestimmung des Begriffs der Komplexität angeschlossen werden: Als komplex wollen wir eine zusammenhängende Menge von Elementen bezeichnen, wenn aufgrund immanenter Beschränkungen der Verknüpfungskapazität der Elemente nicht mehr jedes Element jederzeit mit jedem anderen verknüpft sein kann.« (Luhmann 1985, S. 187, 46)

In solchen Systemen geht nicht nur die Chance verloren, das Ganze aus einem Handlungszentrum willentlich zu steuern, sondern auch der Überblick. Aus keinem Teilsystem ist ein authentischer Blick auf das Ganze und das Innere der anderen Teilsysteme mehr möglich. Daraus ergeben sich enge Begrenzungen sinnvollen Handelns und differenzierter Erkenntnis der wirklichen Zusammenhänge. »Komplexität... ist ein Maß für Unbestimmtheit oder für Mangel an Information. Komplexität ist, so gesehen, die Information, die dem System fehlt, um seine Umwelt

(Umweltkomplexität) bzw. sich selbst (Systemkomplexität) vollständig erfassen und beschreiben zu können.« (Ebd., S. 51)

Worauf es unter diesen Umständen, sowohl für den Zusammenhalt des Ganzen wie für jeden Versuch, sich halbwegs einen Begriff von ihm zu machen, ankommt, ist Reduktion von Komplexität, Auswahl aus vielen Möglichkeiten, künstliche Vereinfachung. Nur durch sie wird das System in Gang gehalten. Nur sie gibt dem Betrachter noch einen Begriff von der unerfaßbaren Welt in die Hand, mit dem er leben kann.

Die Funktion der Reduktion nimmt den Platz ein, den in den älteren Gesellschaftstheorien Sein und Wahrheit innehatten. Da es für jede Funktion gleichwertige Alternativen gibt, die für den Erhalt des Systems, auf den es allein noch ankommt, den gleichen Beitrag leisten können, lösen sich in der Systemtheorie Sein und Wahrheit in Funktion auf. Funktion ist alles. (Ebd., S. 70, 56)

Damit verschwindet aber auch der Subjektbegriff. Denn weder für das System im ganzen noch für den handelnden Einzelnen trifft er die Möglichkeiten, die komplexe Systeme in Wahrheit noch offenlassen. Die Systemtheorie hat für ihn keine Verwendung (ebd., S. 87, 51). Der Zusammenhalt des Systems und seine Entwicklung ergeben sich aus Autopoiesis, aus der Selbstauslegung des Systems, die sich keinem Subjekt zurechnen läßt.

Dieses Gesellschaftsverständnis ist zum maßgeblichen Erklärungshintergrund für die Ausbreitung symbolischer Politik im öffentlichen Leben der Gegenwart geworden. Kommunikations- und Politikwissenschaft setzen es weitgehend voraus. Es vermag tatsächlich sichtbar zu machen, worauf Möglichkeit und Verbreitung symbolischer Politik beruhen. Ob freilich die nahegelegte Schlußfolgerung, symbolische Inszenierung sei nun bestandsnotwendige Funktion komplexer Systeme, stichhaltig ist, steht auf einem anderen Blatt.

Viele Faktoren sprechen in komplexen Gesellschaften für Wahrscheinlichkeit und Verbreitung symbolischer Politik. Eine Gesellschaft, die für den Einzelnen weder erfahrbar noch überschaubar ist, kann Verständigung nur noch über Massenmedien herstellen. Diese können nicht umhin, bei der Auswahl der Themen, Fakten, Information im höchsten Maße selektiv vorzugehen. Soweit der Einzelne, nachdem er der Chance zur Eigenerfahrung seiner Welt weitgehend beraubt ist, sich überhaupt noch ein Bild von ihr macht, entlehnt er es dem, was die Medien für ihn zusammenstellen.

Das Muster ihrer Selektion versteht sich nicht von selbst. Sie bedürfen wirksamer und für ihr eigenes Überleben im System erfolgreicher Kriterien der Auswahl. Unter diesen Umständen ist es wahrscheinlich, daß sie sich am spektakulären, seinerseits die Aufmerksamkeit ihrer Kunden am zuverlässigsten sichernden Ereignis orientieren. Wer öffentliche Aufmerksamkeit sucht, geht sicher, wenn er sich dieser Regel beugt. Gleichzeitig wird immer unwahrscheinlicher, daß der einzelne Medienkonsument sich außerhalb des Bildes von der Welt, das diese ihm liefern, noch selbst vergewissern kann, wie zuverlässig es von Fall zu Fall ist.

Eine Einladung zur Inszenierung des Scheins. Medien und politische Akteure, die sie annehmen, können sich darauf berufen, daß anders das Ganze kaum noch verständlich zu machen und damit sein Bestand und sein reibungsloses Funktionieren im Interesse aller gefährdet wäre.

Drastische Reduktion tatsächlicher Verhältnisse bis hin zur erklärenden Fiktion können als allein noch verbleibende Möglichkeit zum Verständnis der überkomplexen Welt auftreten. Sie erscheinen unentbehrlich, um den undurchschaubaren Abläufen Zustimmung und Legitimation zu sichern.

In diesem Bewußtsein können die Akteure die neuen Möglichkeiten nutzen. In ihm kann die Politikwissenschaft erklären, warum sie sie nutzen. Die verbreiteten Erklärungen beziehen sich auf zwei unstrittige Sachverhalte, die durch hohe Komplexität entstehen, auf der Handlungsseite und auf der Wahrnehmungsseite von Politik.

Die Handlungsseite. Mangels grundlegender Alternativen, die komplexe Systeme ausschließen, wächst die Neigung, sie zur Gewinnung von Unterstützung wenigstens vorzutäuschen. Ebenso die Neigung, eine weitreichende Handlungskompetenz der Führung vorzuführen, die in Wahrheit nicht mehr besteht, da das System Macht und Handlungschancen zunehmend absorbiert. Unzufriedenheit, Vertrauensverlust, Gleichgültigkeit, Mangel an bewegenden Themen werden durch symbolische Scheinhandlungen kompensiert. Diese erweisen sich, wie die Dinge nun einmal liegen, damit als systemsichernde Funktionen und zugleich als neutrale Veranstaltung zur Garantie der Lebensfähigkeit komplexer Gesellschaften.

Auf der Wahrnehmungsseite das Spiegelbild. Der Einzelne kann die überkomplexe Welt als sinnhaft nur noch erfahren, wenn sie wenigstens einen Anschein einfacher, überschaubarer, sinnvoller, verständlicher Struktur für sich hat, den sie in Wahrheit nicht einlösen könnte. Die Produktion eines symbolischen Bildes von der Welt, die Repräsentation unüberschaubarer Verhältnisse durch symbolische Inszenierungen, erscheinen unter solchen Umständen als Voraussetzung, unter der sich der Einzelne überhaupt noch in einer solchen Welt zu orientieren vermag.

Die symbolische Produktion der Weltbilder reduziert die unübersichtliche Vielfalt auf einfache Begriffe und Anschauungen. Sie erzeugt eine gemeinsame Sicht der Welt und damit ein Mindestmaß an Zustimmung zu ihr. Damit gewinnen die politischen Spezialisten zugleich die Freiheit, im einzelnen das Nötige zu tun, ohne es, was keiner verstünde, so erklären zu müssen, wie es abläuft. Was überhaupt noch steuerbar ist im komplexen System, kann nur auf diese Weise geschehen. Als Systemfunktion sind Ideologien und vermeintliche Wahrheit gleich gültig.

Dies ist, kaum zugespitzt, das Fazit politikwissenschaftlicher Erklärung symbolischer Politik. Sie macht wichtige Bedingungen ihrer Möglichkeit sichtbar. Sie zeigt, daß der Gebrauchswert politischer Handlungen gerade darin bestehen kann, daß sie in Wahrheit nur einen Tauschwert im Geschäft der Kommunikation haben. Sie erklärt symbolische Politik sozusagen zur *autopoietischen Didaktik komplexer Systeme*. Ob diese Erklärung eine Notwendigkeit oder bloß eine Möglichkeit zeigt, bleibt in der Sprache der Systemtheorie in der Schwebe.

5. Bühnen der Inszenierung

Die Inszenierung des Diskurses als Drama

Die Lafontaine-Gewerkschaftsdebatte

Einige zugespitzte Äußerungen des stellvertretenden Vorsitzenden der Sozialdemokratischen Partei Deutschlands, Oskar Lafontaine, zu den Themen Arbeitszeitverkürzung und Lohnausgleich sowie neue Formen der Flexibilisierung der Arbeitszeit im Verlaufe der Jahre 1987 und 1988, die genau betrachtet eher Aufforderungen zur Neubesinnung als neue Rezepte enthielten, erweckten in der Öffentlichkeit der Bundesrepublik Deutschland binnen kürzester Frist den Eindruck, das Verhältnis zwischen den Gewerkschaften und der Sozialdemokratischen Partei sei zum Zerreißen gespannt. Wer sein Bild von den Beziehungen zwischen beiden ausschließlich aus den Medien bezog, von denen sich einige über Monate hinweg auf die wenigen Anlässe dieser Kontroverse mit Leidenschaft und Sorgfalt spezialisiert hatten, mußte zu dem Urteil gelangen, die beiden großen Schwesterorganisationen der alten Arbeiterbewegung seien über den Weg in die Zukunft zerstritten wie nie zuvor.

Während sich die Gewerkschaften, insbesondere die IG Metall, deren Vorsitzender Franz Steinkühler die Rolle des Hauptgegenspielers zum Herausforderer Lafontaine übernahm, als Dinosaurier porträtiert sahen, der nicht mehr wahrnehmen kann, was in der Welt inzwischen anders ist, wurde Lafontaine vor allem im Nachrichtenmagazin *Der Spiegel* die Rolle des Lichtbringers zugemessen, der der Gesellschaft im ganzen, seiner eigenen Partei und den Gewerkschaften den Weg zeigt, der zu gehen ist, wenn der Fortschritt noch eine Zukunft haben soll.

Die Rollen waren klar verteilt und drastisch konturiert. Die Dramaturgie der Reproduktion der Debatte in den Medien war jedesmal dieselbe. Immer, wenn Lafontaine in öffentlichen Reden Fragen über die Zukunft der Arbeit neu aufgeworfen hatte, zu denen die Gewerkschaftsposition klar bestimmt schien, brachten die Medien spektakuläre Berichte über ein Zerwürfnis von Sozialdemokratie und Gewerkschaften. Repräsentanten der DGB-Gewerkschaften, mehrfach vor allem Franz Steinkühler, der Erste

Lafontaine

Vorsitzende der IG Metall, versuchten in scharfer Form Mißverständnisse zu korrigieren oder für sie unakzeptable Positionen zurückzuweisen, um sich der ihnen zugedachten Rolle als unbelehrbare Nachhut des neuen Fortschritts zu entledigen, und verstärkten damit am Ende doch nur das Bild, das sich die Medien von ihnen gemacht hatten. Gleichzeitig mußten sie ja Positionen aggressiv verteidigen, die Lafontaine im Drehbuch der Medien attackiert hatte, um die Ihren bei der Stange zu halten und gute Figur zu machen. Wenn Steinkühler und andere die SPD für die irritierenden Infragestellungen ihres stellvertretenden Vorsitzenden rügten, bestätigten sie durch ihr tatsächliches Verhalten ungewollt das Bild, das sich die Medien von einem SPD-Gewerkschaftskonflikt gemacht hatten. Diese Bestätigung wurde von den betreffenden Medien in einer zweiten Runde wiederum als berichtenswertes Ereignis im SPD-Gewerkschaftskonflikt aufgegriffen und zugleich als Beweis des eigenen Bildes von der Realität dieses Konfliktes instrumentalisiert. Ein Möbiusband vom Bild über die Welt zur Welt, vom Bericht über die handelnden Personen zum Handeln der Personen und zurück war wirkungsvoll geknüpft.

Tatsächlich aber konnte, was das Verhältnis der Zukunftsprogrammatik von Sozialdemokratie und DGB-Gewerkschaften in den umstrittenen Fragen betrifft, die Täuschung kaum perfekter sein, als in jenem Medienbild vermittelt wird. Eine genaue Analyse der Programme und Projekte beider Organisationen offenbart nämlich, daß der wirkliche politische Konsens zwischen beiden Organisationen seit dem Ende der ursprünglichen sozialliberalen Reformperiode in Wahrheit niemals fundierter und umfassender war als in den Jahren, in denen die Lafontaine-Gewerkschaftsdebatte spielt. Das gilt jedenfalls dann, wenn nicht Gelegenheitsäußerungen einzelner Matadore, sondern die innerhalb beider Organisationen beschlossenen und konsensfähigen Zukunftsentwürfe verglichen werden.

Die Phase eines augenfälligen Dissenses zwischen ihnen in zentralen Fragen der Zukunft des Fortschritts wie Ökologie, Technikgestaltung, Arbeits- und Energiepolitik, die seit der Mitte der siebziger Jahre bis in die Mitte der achtziger Jahre das Bild des Verhältnisses zwischen ihnen geprägt hatte, war mit der Präsentation neuer Aktionsprogramme und Beschlüsse des DGB und wichtiger Einzelgewerkschaften, vornehmlich gerade der IG Metall in der Mitte der achtziger Jahre zu Ende gekommen. Ihren symbolischen Abschluß fand diese programmatische Wiederannäherung in der Vorlage des legendären Rappe/Steinkühler-Papiers in der SPD-Grundsatzprogrammkommission im März 1985. Dieses Diskussionspapier zu den Themen qualitatives Wachstum, Arbeitsbeschaffung und Ökologie war von allen Beteiligten aus SPD und Gewerkschaften als Eckstein des wiedergewonnenen Konsenses beider Organisationen in den neuen politischen Fragen verstanden worden.

Seitdem waren Sozialdemokraten und Gewerkschaften nach langen intensiven und streitigen Diskussionen in den großen Zukunftsfragen einander näher gerückt. Ein Vergleich der Nürnberger Beschlüsse und des Irseer Programmentwurfes der SPD von 1986 auf der einen Seite mit den DGB-Programmen *Umweltschutz und qualitatives Wachstum* (1985), *Aktionsprogramm des Deutschen Gewerkschaftsbundes* (1988) sowie den Programmen und Beschlüssen wichtiger Einzelgewerkschaften, insbesondere den Ergebnissen der Zukunftsforen der IG Metall aus den Jahren 1987 und 1988, läßt eine andere Schlußfolgerung nach überprüfbaren Kriterien nicht zu.

Natürlich wäre ein blauäugiger Programmidealismus, der die

vollmundigen Selbstverpflichtungen im Grundsätzlichen schon für die eigentliche Politik hält, kein verläßlicher Wegführer bei einem solchen Vergleich. Die notorische Differenz von Theorie und Praxis, Programm und Handeln trifft freilich beide Organisationen gleichermaßen. Insofern liefert der Vergleich der maßgeblichen Programme und Beschlüsse durchaus ein brauchbares Bild der Wege, die sich beide nach den Maßstäben programmatischer Selbstverpflichtung für die Zukunft vorgenommen haben.

Der in der Lafontaine-Gewerkschaftsdebatte inszenierte programmatische Gegensatz zwischen Sozialdemokratie und Gewerkschaften bestand auf realpolitischer und programmatischer Ebene nicht. Das große Interesse, das er fand, und die offenkundige Plausibilität, die ihm zu eignen schien, verdanken sich einer anderen Realität. Sie war ein handfestes Medienereignis, ein Ereignis auf der Ebene der symbolischen Politik. Es handelte sich dabei um einen klassischen Fall symbolischer Politikinszenierung, die sich ihre eigene Realität schuf, die am Ende realistischer zu sein schien als die ursprüngliche Wirklichkeit, um die es ging.

Eine beispielhafte symbolische Inszenierung

Kennzeichnend an der Lafontaine-Gewerkschaftsdebatte ist die eigentümliche Entgegensetzung, in der sich die Entwicklung des politisch-programmatischen Verhältnisses zwischen DGB-Gewerkschaften und SPD auf der einen Seite und seiner öffentlichen Wahrnehmung auf der anderen im gleichen Bezugszeitraum bewegten. Es ging bei dieser Debatte und ihrer medienvermittelten öffentlichen Darstellung nicht um Informationen über den tatsächlichen Stand von politischen Diskussionen, Beschlußlagen und Programmperspektiven in beiden Organisationen. Es ging um etwas anderes.

Die geheime Tagesordnung bildete die Vermittlung eines bestimmten Bildes der Gewerkschaften und dessen, was die beteiligten liberalen Medien in der Bundesrepublik als »fortschrittliche« sozialdemokratische Politik betrachten. Diese geheime Tagesordnung lieferte die Hauptbotschaft in den Berichten über den Grundsatzstreit Lafontaines mit den Gewerkschaften über die Reduzierung der Arbeitszeit ohne vollen Lohnausgleich und die Flexibilisierung der Arbeitszeit zugunsten längerer Maschinenlaufzeiten. Die Streitfragen selbst fungierten, wie der Verlauf der

Debatte und die Art, in der sie geführt und öffentlich vermittelt wurde, demonstrieren, eher als Vehikel für den Transport der eigentlichen symbolischen Botschaft.

Die erste Schlüsselbotschaft dieser symbolischen Inszenierung lautete: Gewerkschaften und Sozialdemokratie können über entscheidende Fragen der Wirtschaftspolitik nicht mehr miteinander reden, sie können nur noch einander öffentlich bloßstellen.

Die zweite Botschaft war: Oskar Lafontaine ist mit seinem Liberalisierungskurs der Hoffnungsträger einer zukunftsträchtigen Politik der Sozialdemokratie, die allein die Chance der Mehrheitsfähigkeit in der Bundesrepublik hat.

Als dritte Botschaft wurde alsbald kenntlich: Die Gewerkschaften sind unbeweglich an zukunftslose Sonderinteressen gekettet und daher zu einem glaubwürdigen Gemeinwohlentwurf nicht mehr in der Lage.

Aus alldem ergab sich das Resümee dieser Inszenierung wie von selbst: Zukunfts- und mehrheitsfähige Politik der Sozialdemokratie setzt ihre Distanzierung von Programmatik und Politik der Gewerkschaften voraus, da diese den eigentlichen Fortschritt nur hemmen können. Lafontaine ist darum der Hoffnungsträger der Sozialdemokratie, weil er der Dompteur der Gewerkschaften ist.

Die Debatte zwischen Lafontaine und der IG Metall wurde als eine Abfolge von Eklats inszeniert, bei der zwei Teilfragen, radikal und so, als machten sie allein den Kern der politischen Konzepte aus, konfrontativ gegeneinander gestellt wurden. Der wirkliche Diskussionsstand und die Beschlußlagen zu den umstrittenen Fragen der Arbeitspolitik spielten bei der Berichterstattung keine Rolle.

Eine Inhaltsanalyse der Programme und Diskussionen über die Grundsatzfragen, die mit dem strittigen Arbeitsbegriff am engsten zusammenhängen, zeigt im Gegensatz zu diesem öffentlichen Eindruck aber gerade einen denkbar lückenlosen Konsens. Für den Erfolg der symbolischen Inszenierung war es natürlich unter anderem wesentlich, das Verhältnis zwischen Lafontaines Denkanstößen und den offiziellen sozialdemokratischen Programmpositionen in den betreffenden Fragen nicht allzu eingehend auszuleuchten.

In der öffentlich inszenierten Form des Streites zwischen Lafontaine und den Gewerkschaften spielte auch das Argument eine

Rolle, die Arbeitnehmervertretungen seien ihrem Wesen nach nichts anderes als kurzatmige und interessenfixierte Tarifmaschinen zur Maximierung von Gruppenvorteilen, die sich zu einem Entwurf für das Gemeinwohl gar nicht mehr aufschwingen könnten. Schon deshalb könnten die Zukunftsvisionen der Gewerkschaften für einen gesamtgesellschaftlichen Zukunftsentwurf nicht fruchtbar sein.

Niemand, der auch nur eine grobe Idee von der Geschichte der freien Gewerkschaften hat, kann überrascht sein, daß ihre aktuellen Programme alles weniger als eine Summierung von Tarifforderungen sind. Es sind respektable Gemeinwohlentwürfe aus der Interessenperspektive der Arbeitnehmer mit einem begründeten Verantwortungsanspruch für das Gemeinwesen als Ganzes. Dieses Urteil gilt unabhängig davon, ob einer diesen Gemeinwohlentwurf nun teilt oder verurteilt. Der Unterschied zwischen Parteien und Gewerkschaften in der Bundesrepublik besteht ja nach deren eigenem Selbstverständnis keineswegs darin, daß die Parteien für politische Gesellschaftsgestaltung allein zuständig wären und den Gewerkschaften nur das Arbeitsverhältnis überlassen bliebe. Auch die Einheitsgewerkschaft zielt auf die Gestaltung der Gesellschaft, weil die Lebenslage der Arbeitnehmer und ihre Arbeitsbedingungen durch die Gesamtheit der gesellschaftlichen Lebensverhältnisse geprägt sind. Als Einheitsgewerkschaft, in der Arbeitnehmer unterschiedlicher politischer Färbung ein Interessenbündnis schließen, kann sie freilich nicht selber Instrument der parlamentarischen Durchsetzung ihres Gemeinwohlverständnisses sein. Sie handhabt es vielmehr als Hebel der Einwirkung auf das Handeln der Parlamentsparteien nach Maßgabe der jeweiligen Durchsetzungschancen ihrer Vorstellungen angesichts der programmatischen Festlegungen der unterschiedlichen Parteien.

Nicht die Reichweite des gesellschaftlichen Gestaltungsanspruchs und auch nicht die Differenz von Gruppeninteressen und Interesse des Ganzen macht den spezifischen Unterschied zwischen Partei und Gewerkschaft aus, sondern ihre unterschiedliche Funktion im politischen System. Dazu gehört eben auch, daß Parteien ihre Legitimation dadurch empfangen, daß sie Mehrheiten überzeugen, Gewerkschaften aber formalisierten Legitimationsverfahren, die über ihre Mitgliederbasis hinausgreifen, nicht unterworfen sind.

Eine Inhaltsanalyse, die den Entwurf für ein neues Grundsatzprogramm (Irseer Entwurf) und die einschlägigen Aktionsprogramme der SPD sowie die genannten Gewerkschaftsprogramme zur Grundlage nimmt, führt zu einem eindeutigen Bild:

Sozialdemokratie und Gewerkschaften teilen bis in die operativen Konsequenzen hinein die politische Perspektive einer sozial und ökologisch verantworteten Industriegesellschaft. Beide wollen – im Gegensatz beispielsweise zur Partei DIE GRÜNEN – die historischen Grundlagen der Industriegesellschaft bewahren und den durch sie ermöglichten Wohlstand mehren. Beide wollen – im Gegensatz zu Neokonservativen und Liberalen – eine umfassende ökologische Umgestaltung der Produkte, der Produktion und des Konsums auf weitgehend demselben Weg der öffentlichen ökologischen Einflußnahme. Beide verstehen die ökologische Investitionspolitik der öffentlichen Hand zugleich als Strategie der Schaffung neuer Arbeitsplätze. Beide verlangen eine qualitative Steuerung der wirtschaftlichen Entwicklung nach denselben ökologischen und sozialen Gebrauchswertmaßstäben. Differenzen gibt es nur in wenigen Einzelfragen mit Einzelgewerkschaften, beispielsweise bei bestimmten Aspekten der Chemiepolitik.

Sozialdemokratie und Gewerkschaften wollen den von Liberalen und Konservativen noch weiterbetriebenen Selbstlauf der Technikentwicklung durch eine soziale Technikgestaltung steuern. Sie lehnen – im Gegensatz zu den Grünen – den Ausstieg aus der technischen Innovation oder ganzen technologischen Forschungsbereichen ab. Sie teilen beide die Auffassung, daß technischer Fortschritt erst dann zu gesellschaftlichem Fortschritt wird, wenn seine Richtung über Bürgerdialoge, Technikfolgenabschätzung, staatliche Technikpolitik und Arbeitnehmermitbestimmung gesellschaftlich entschieden wird. Beide verlangen enge politische Vorgaben für die Genforschung und den Ausstieg aus der Kernenergie mit weitgehend denselben Vorstellungen über Wege und Ziele. Beide wollen den technischen Fortschritt, der gesellschaftlichen Fortschritt in den Lebenschancen der Bürger möglich macht, auf übereinstimmende Weise öffentlich fördern.

Beide verfechten bis in die operativen Details hinein dasselbe Programm der umfassenden Demokratisierung von Wirtschaft und Gesellschaft. Im Unterschied zu Konservativen und Liberalen sehen beide in der Wirtschaftsdemokratie einen Selbstzweck, weil sie allein der Würde und dem Selbstbestimmungsanspruch der arbeitenden Menschen entspräche. Im Unterschied zum grünen Hauptstrom und zur neokonservativen Linie sehen beide in einer auf Rahmenplanung und der Verknüpfung der wirtschaftlichen Entscheidungsebenen beruhenden Demokratisierung das entscheidende Instrument, um ökologische, soziale und technologiepolitische Ziele in einer von privater Kapitalmacht beherrschten Wirtschaft durchzusetzen.

Auf programmatischer Ebene gibt es zwischen ihnen in den Fragen der Rahmenplanung, der staatlichen Verantwortung, der Investitionslenkung, der Mitbestimmung und der Bedeutung des Marktes in sozial definierten Grenzen keine Differenzen. Selbst das vom DGB entwickelte spezifische Instrument der Wirtschaftsdemokratie, die Wirtschafts- und Sozialräte, findet sich in der sozialdemokratischen Vorstellung der Demokratisierung der Wirtschaft wieder. Dem Konzept der Wirtschaftsdemokratie sowohl in den SPD- wie in den Gewerkschaftsprogrammen liegt die Einschätzung zugrunde, daß die neuen politischen »Gattungsfragen« die alte »Klassenfrage« der wirtschaftlichen Entscheidungsmacht nicht gegenstandslos gemacht haben. In beiden Programmen sind daher die qualitativen ökologischen, technologiepolitischen, arbeitspolitischen und sozialen Entwicklungsziele auf das Instrument der Wirtschaftsdemokratisierung bezogen.

Auch im Hinblick auf den Arbeitsbegriff, dem zentralen Medium der Inszenierung der Lafontaine-Gewerkschaftsdebatte, sind die spektakulären Dissense, die dafür in Anspruch genommen wurden, in den Programmen und Beschlüssen von Sozialdemokratie und Gewerkschaften nicht auszumachen.

Beide sehen, daß Erwerbsarbeit und Nichterwerbsarbeit gleichermaßen Formen gesellschaftlich notwendiger Arbeit sind, die gesellschaftliche Anerkennung und politisches Handeln verlangen. Beide stimmen überein, daß die Zukunft der Arbeit nur in der Humanisierung und Demokratisierung der Erwerbsarbeit verbunden mit der Schaffung von Erwerbsarbeitsplätzen für alle liegen kann, aber ebenso in der zunehmenden gesellschaftlichen Anerkennung bestimmter Formen der Nichterwerbsarbeit, wie Kleinkinderbetreuung, Kranken- und Altenpflege, durch soziale Transferzahlungen oder Anrechenbarkeit in der Rentenversicherung. Auch das Ziel der gleichberechtigten Aufteilung von Erwerbsarbeit und Nichterwerbsarbeit auf Frauen und Männer scheint unstrittig. Eine einkommensunabhängige Grundsicherung, wie sie die Grünen fordern, lehnen beide ab.

Kanzler Schmidt

In den beiden Streitfragen, auf die die Lafontaine-Gewerkschaftsdebatte zugespitzt wurde, der Arbeitszeitverkürzung ohne
vollen Lohnausgleich und der neuen Flexibilisierung der Arbeit,
sind die Beschlußlage der Sozialdemokratie und die strategischen
Positionen der Gewerkschaften nahezu deckungsgleich. Auf ihrem Münsteraner Parteitag im August 1988 beschloß die SPD
Arbeitszeitverkürzungen mit nach Einkommenshöhe gestaffelten
Lohnzuwächsen. Bei der Flexibilisierung der Arbeitszeit verstän-
digte sich ihre Programmkommission auf die Beschränkung der
Sonntagsarbeit auf gesellschaftlich unverzichtbare Tätigkeiten und
die Ausgrenzung des Samstags aus der wöchentlichen Regelar-
beitszeit.

Auf realpolitischer Ebene sind infolgedessen der Arbeitsbegriff
und seine Zentralrolle für die Zukunft des Fortschritts zwischen
Sozialdemokratie und Gewerkschaften unumstritten. Der öffentlich inszenierte Gegensatz zwischen Sozialdemokratie und Gewerkschaften hat in deren tatsächlichen Handlungskonzepten
keine Grundlage. Einige wirkliche Differenzen im Verlauf der
Diskussion um das sozialdemokratische Grundsatzprogramm

sind ihrerseits eher auf der Ebene symbolischer Signale als auf der realer Handlungsstrategie anzusiedeln. Die Gewerkschafter, die an der sozialdemokratischen Programmarbeit Anteil hatten, beanspruchten einen symbolischen Vorrang der Erwerbsarbeit, um deren möglicher politischer Abwertung entgegenzuwirken. Andere Programmatiker verfochten eine Aufwertung der Nichterwerbsarbeit zugunsten der Frauengleichstellung und eines verbreiteten Wertwandels im Verständnis von Erwerbs- und Eigenarbeit.

Aus diesen unterschiedlichen symbolischen Akzentsetzungen wurden von beiden Gruppen jedoch auf der Handlungsebene keine divergenten Schlußfolgerungen gezogen.

Dieser substantielle politische Konsens hat in der Lafontaine-Gewerkschaftsdebatte so gut wie keinen Niederschlag gefunden. Selbst bei den beiden Hauptkontroverspunkten zwischen Lafontaine und den Gewerkschaften bestimmte in der öffentlichen Inszenierung nicht das, was wirklich gesagt wurde, die Debatte, sondern das, was an überschießender Bedeutung und geheimer Absicht darin vermutet wurde. Im ironischen Gegensatz zur Heftigkeit der Kontroverse, die jedesmal als solche die Hauptnachricht in der öffentlichen Inszenierung zu sein schien, blieb bei genauer Analyse oft unklar, worum sich die Debatte eigentlich dreht.

Lafontaine hatte anfangs die Frage gestellt, ob eine Umverteilung von Einkommen innerhalb der Arbeitnehmerschaft zugunsten neuer Arbeitsplätze durch einen teilweisen Verzicht auf Lohnerhöhungen möglich sei. Im Verlaufe der Kontroverse hat er dieses Verlangen ausschließlich auf die oberen Einkommensgruppen bezogen, an deren Beginn hatte er keine ausgearbeiteten Vorschläge vorgelegt. Da auch die Gewerkschaften einen Sozialbeitrag der besser Verdienenden, wenn auch nicht in Form von direktem Lohnverzicht, sondern zugunsten öffentlicher Zukunftsinvestitionen, nicht abgelehnt hatten, entspricht auch in dieser Detailfrage die Dramatik des auf einen Titanenkampf zwischen Steinkühler und Lafontaine zugespitzten Streits keiner Differenz in der Sache, sondern ausschließlich spezifischen Bedürfnissen der Inszenierung symbolischer Politik.

Nicht anders verlief die Auseinandersetzung um die Sonntagsarbeit. Auf dem Parteitag der SPD in Münster im August 1988 hatte Lafontaine bemerkt, bestimmte soziale Dienste könnten künftig die Ausweitung von Sonntagsarbeit verlangen. Im Zusammenhang mit seiner anderen Äußerung über die Entkoppelung von Maschinenlaufzeiten und Arbeitszeiten und im Lichte seiner publizistischen Rolle als Dompteur der Gewerkschaften, die ihm mittlerweile in der symbolischen Arena schon auf den Leib geschrieben war, erschien das als Frontalangriff auf die Sonntagsruhe und die arbeitsorientierte Arbeitszeitpolitik, die Eckpfeiler der gewerkschaftlichen Arbeitspolitik sind.

Als Fazit der inhaltlichen Positionsvergleiche bleibt die Feststellung, daß die Bandbreite der Diskussion um die einschlägigen Zukunftsfragen innerhalb von Sozialdemokratie und Gewerkschaften durchweg größer ist als die Distanz zwischen ihren Mehrheitslinien. Die Zukunftsforen der IG Metall und die Programmwerkstätten der SPD in den Jahren 1987 und 1988 mit denselben Themen, Referenten und Ergebnissen runden dieses Bild verblüffend eindeutig ab. Natürlich gibt es auch Dissense in Umsetzungsfragen. Sie beziehen sich aber gerade nicht auf die Kontroversen, die den Stoff für die Inszenierung des großen Konfliktes hergegeben haben.

Damit war verbunden, daß sich die Kontroverse in ihrer öffentlich inszenierten Form vorzüglich eignete, um den Mythos eines gegen den Gewerkschaftsdinosaurier kämpfenden einsamen Fortschrittshelden zu produzieren, der allein gegen eine Welt von Vorurteilen, Unkenntnis und Trägheit ankämpft. Einige Medien, die diese Inszenierung vor allem besorgten, so in erster Linie wiederum der *Spiegel*, verfochten dabei offensichtlich zugleich das politische Eigeninteresse, mit dieser symbolischen Inszenierung zu suggerieren, daß letztlich nur ein Zusammenwirken von FDP und SPD gegen die bornierte Beharrungsmacht der Gewerkschaften und die Traditionstruppen in der SPD fortschrittliche Politik ermöglicht. Dem entspricht es, daß dieselben Medien schon zuvor gelegentliche Begegnungen zwischen dem stellvertretenden Vorsitzenden der FDP, Hans Dietrich Genscher, und Oskar Lafontaine mit der als Information präsentierten Spekulation verknüpft hatten, hier bahne sich die Neuauflage der sozialliberalen Koalition an.

Unterlassung als Handlung. Der Minister im Rhein

1985 trat Klaus Töpfer das Amt des Umweltministers in Rheinland-Pfalz an. 1985 war der Rhein durch Abwässer mit Hunderten verschiedener Giftstoffe so belastet, daß er unter Fachleuten als »Kloake« galt. Die letzte Badeanstalt an seinen Ufern war aus Sicherheitsgründen geschlossen worden. Die Trinkwassergewinnung aus seinem Bestand galt als hohes Risiko. Der Minister bot der Oppositionspartei eine Wette an. Er werde den Fluß in seiner Amtszeit so wirksam säubern, daß es bald kein Risiko mehr wäre, darin Baden zu gehen. Das werde er binnen kurzem der Öffentlichkeit beweisen.

ddp und dpa berichteten am 14. September 1988: »Bundesumweltminister Klaus Töpfer (CDU) hat am Mittwoch nachmittag den Rhein in der Höhe von Mainz durchschwommen. Die knapp 400 Meter lange Strecke von der gegenüberliegenden hessischen Seite aus zum Ufer nahe der City der Landeshauptstadt von Rheinland-Pfalz bewältigte der 50jährige Politiker unter Ausnutzung der kräftigen Strömung in wenigen Minuten.

Töpfer, der einen Schutzanzug für Rettungsschwimmer und Schwimmflossen trug, wurde von mehreren Rettungsbooten sowie Schiffen der Wasserschutzpolizei und der Feuerwehr und einem Hubschrauber begleitet.

Den etwa 300 Zuschauern am Mainzer Rheinufer präsentierte er sich erst nach dem Umziehen. Vor rund 50 Journalisten machte er deutlich, daß es ihm weder um persönliche Publicity noch um ein Signal für Nachahmer gegangen sei. Er habe eine Wette aus dem Jahre 1985 einlösen und mit seiner Rheinüberquerung keinesfalls den Strom ›zum Badegewässer hochstilisieren‹ wollen. Vielmehr halte er weitere Maßnahmen zur Verbesserung der Gewässerqualität und einer möglichst raschen Umsetzung seines Zehn-Punkte-Programms zum Schutz von Nord- und Ostsee für notwendig.

Entsprechend beschied der Umweltminister auch Mitglieder der Umweltorganisation Greenpeace, die ihn am Ufer mit dem Transparent ›Taten statt Baden, Herr Töpfer!‹ erwartet hatten.

Besonders die mit Klappstühlen und Fernstechern ausgerüsteten Schaulustigen konnten dann gut verfolgen, wie der Minister das bereitliegende Boot der Wasserschutzpolizei betrat und zusammen mit einer Armada von Rettungsbooten ablegte. Zurück blieb Töpfers Referentin Marlene Mühe, die zugab, daß die einzige sportliche Legitimation ihres Chefs für dieses Unterfangen die Qualifikation ›kann schwimmen‹ sei. Immerhin habe sie ihm geraten, ›wenn er merkt, daß es nicht mehr geht, in der Mitte schon aufzuhören‹.

Alles weitere war von dem Startpunkt, zu dem Töpfer schwimmend zurückkehren wollte, selbst mittels Fernglas nicht mehr auszumachen. Es spielte sich am Horizont, in der Nähe der Mainzer Eisenbahnbrücke ab und war nur anhand der Boote und eines darüber kreisenden Hubschraubers erahnbar.

Verläßliche Augenzeugen berichteten später, daß sich im Boot schnell eine gänzliche Rheinüberquerung durch den mittlerweile mit Rettungsschwimmer-Tauchanzug und Flossen sowie der vorgeschriebenen Badekappe in Signalfarbe ausgerüsteten Minister als unrealisierbar herausstellte. Weil das Boot wegen des niedrigen Wasserstands nicht an das gegenüberliegende Ufer herankam, verkürzte sich die Schwimmstrecke zurück zum Ausgangspunkt um etwa 100 Meter auf noch 350 Meter.

Diese Distanz nahm Töpfer – der am 29. Juli dieses Jahres seinen 50. Geburtstag begangen hatte – mit einem vollendeten Kopfsprung in Angriff. Als Stilarten bei Bewältigung der Strecke bediente er sich einer Mischung aus Kraulen und Rückenlage, stark begünstigt von der erheblichen Strömung, die an dieser Stelle bis zu drei Meter pro Sekunde beträgt.

Gewollt oder nicht gewollt – landete der schwimmende Minister nicht im Visier der am Startpunkt ausharrenden stattlichen Zuschauermenge, sondern gut einen Kilometer davor. Die Zahl der dort mehr oder weniger zufällig stehenden Augenzeugen war so spärlich, daß Töpfer sie per Handschlag begrüßen konnte. Am ›offiziellen‹ Ziel gab es dann wieder nur einen bereits in ›Bonner Zivil‹ umgezogenen Minister zu sehen. Angesichts seines erschöpften Erscheinungsbilds versicherte er aber glaubhaft, einen jener Momente erlebt zu haben, ›in denen man merkt, daß man älter wird‹.

Der Mann war ziemlich fertig. Auffällig blaß, mit stark geröteten Pupillen und sichtbar erschöpft bot Bundesumweltminister Klaus Töpfer (CDU) am Mittwoch nachmittag unmittelbar nach dem Durchschwimmen des Rheins bei Mainz den deutlichen Beweis der schon vor dem Abenteuer bekannten Einschätzung: ›Wenn man einmal einen Quatsch angefangen hat, muß man ihn auch zu Ende bringen‹, hatte er gegenüber Mitarbeitern geäußert. Jetzt, hinterher, sagte er: ›So was mache ich nie mehr!‹

Umweltminister Töpfer badet im Rhein

Angefangen hatte es vor über drei Jahren, als der damalige rheinland-pfälzische Umweltminister Töpfer mit dem SPD-Landtagsabgeordneten Rudolf Franzmann wettete, mit ihm schon bald bei Mainz den Rhein durchschwimmen zu können, weil der Strom wieder die entsprechende Wasserqualität aufweisen werde. Franzmann, der seither nichts mehr von seinem Wettpartner gehört hatte, war reichlich überrascht, als er Anfang dieser Woche vernahm, Töpfer wolle die alte Vereinbarung am Mittwoch erfüllen. Gleichzeitig beziehe sich der Minister, so verlautete aus Bonn, auf eine entsprechende Mahnung an die Wette, die vor einiger Zeit von der SPD-Bundestagsfraktion in einer Parlamentsinitiative zum Ausdruck gebracht worden war.

Während der Landtagsabgeordnete Franzmann noch am Dienstag empört ablehnte, sich angesichts der erwiesenermaßen keineswegs erfüllten Voraussetzungen beim Rheinwasser an dem Schwimmen zu beteiligen, hatte sich der quicke Mainzer CDU-

Bundestagsabgeordnete Johannes Gerster längst des Spektakels bemächtigt. Er machte es zur Hauptattraktion seines jährlichen Wahlkreisfestes in Mainz. So hatte sich am Mittwoch gegen 14.00 Uhr dann eine ansehnliche Zuschauermenge und ein großes Aufgebot an Funk-, Fernseh- und Zeitungsjournalisten am Mainzer Rheinufer eingefunden. Sie wollten sehen, wie der Minister ›baden geht‹, als er direkt von der Eröffnung der Düsseldorfer Umweltmesse ›Entsorga‹ am Mainz-Anleger eintraf.«

Soweit die Handlung. Man konnte im Rhein wieder baden. Das zeigten die Bilder. Der Minister hatte Wort gehalten.

Nachträge ddp. »Die Trinkwasserversorgung aus dem Rhein war nach Einschätzung des Geschäftsführers der Arbeitsgemeinschaft Rheinwasserwerke (ARW), Klaus Lindner, dennoch zu keiner Zeit gefährdet. Allerdings ist die Aufbereitung des Rheinwassers für den Wasserhahn in Küche und Bad äußerst aufwendig und teuer. Als Bonner Minister jüngst im Zusammenhang mit dem Trinkwasser von ›Unbedenklichkeit‹ sprachen, rief dies nicht nur bei Umweltschützern Bedenken hervor.

Die Aktion des Bonner Umweltministers, Klaus Töpfer (CDU), den Rhein zu durchschwimmen, berge für dessen ›Leib und Leben‹ keine sonderliche Gefahr, sofern er sich bei den Außen-Temperaturen keinen Schnupfen geholt habe, betonte Lindner. Allerdings, so der zuständige Fachmann bei Greenpeace, Klaus Lanz, – und mit dieser Einschätzung ist er nicht alleine – gehe die Aktion an den eigentlichen Schwierigkeiten vorbei. Nicht der Rhein selbst sei das Problem, zumal er ein Fließgewässer ist, sondern seine Funktion als einer der größten Schadstofftransporteure. Geschädigt werde letztlich die Nordsee, denn dort staue sich der Dreck.

Lanz erinnerte daran, daß etwa Bayer mit Genehmigung der Behörden insgesamt Tag für Tag 21 Kilogramm Blei und 600 Tonnen Chlorid in den Rhein kippen dürfe. Die Chemieriesen nutzten diese Kapazität etwa zu 60 bis 70 Prozent aus. Der verbleibende Rest werde als Störfallpuffer verstanden, wie es im besten Behördendeutsch heißt. Was nicht schon bei Rotterdam wieder aus dem Fluß gefischt wird, findet sich spätestens in der Nahrungskette der Nordsee und damit auf dem Tisch der Verbraucher wieder.«

»14. September 88 (ddp). – Es ist kein Geheimnis: Seit Jahrzehnten ist der Rhein Auffangbecken für die ungeliebten Stoffe der

Industrien an seinem Ufer. Alle Jahre wieder fließen tausende Tonnen Schwermetalle wie Blei, Kupfer, Zink, Cadmium und Chrom den Rhein runter, klagt Jan van Dunne von der Erasmus Universität in Rotterdam. Und er muß es wissen. Schließlich sitzt er am Ende der Kloake. Übertroffen werden diese Mengen noch von der Chlorid-Einleitung. 1986 noch habe der Strom noch zwölf Millionen Tonnen Chlorid in die Niederlande transportiert.

Zu 40 Prozent stammen diese Mengen aus den elsässischen Kaligruben, so der niederländische Umweltfachmann weiter. Die gesamte Schadstoffbelastung des Flusses sei vor einigen Jahren mit einem Sechstel der Menge berechnet worden, die tatsächlich auf dem Rhein transportiert wurde. An diesen Zahlen, so Uco Joustra, Mitarbeiter Dunnes, dürfte sich bis heute nicht viel geändert haben.

Als ›Kloake‹ will dagegen Manfred Sauerbrey, Leiter der Wasserwirtschaftsverwaltung Rheinland-Pfalz mit Sitz im Mainzer Umweltministerium, den Rhein keinesfalls nennen. Der Zustand des Flusses sei besser als der der Mosel. Schließlich sei es auch immer eine Frage der Konzentration, ob man schon von Schadstoffeinleitung oder neutral von eingeleiteten Stoffen reden müsse.

Die dem Fluß bescheinigte Wassergüte liege bei ›zwei‹ – maximal könne der Rhein den Wert ›eins bis zwei‹ erreichen. Das bedeute, was die Lebensbedingungen für Lebewesen betreffe, daß der Zustand vor der Sandoz-Katastrophe im November 1986 wieder hergestellt sei.«

Der Spiegel, 19. 9. 88. »Als lebender Umwelt-Indikator, hatte der Christdemokrat vor drei Jahren gewettet, werde er sich demnächst in die Rheinfluten stürzen; stark verbesserte Wasserqualität werde dann, dank Bonner Reinhaltepolitik, wieder das Baden im Fluß erlauben.

Musterfall Rhein: Zwar konnten die Schmutzfrachten des Flusses seit 1970 durch den Bau von Kläranlagen in den Kommunen und der Industrie deutlich reduziert werden. Auch bei der Belastung mit Salzen, Quecksilber und anderen Schwermetallen sind Erfolge zu verzeichnen; der Sauerstoffgehalt des Rheinwassers ist deutlich angestiegen.

Sorgen aber bereiten den Wasserwerken weiterhin Phosphate, Nitrate und Pestizide aus der Landwirtschaft sowie neuartige chemische Verbindungen. Holländische Chemiker haben bis heute in der Rheinbrühe tausend Einzelstoffe analysiert. Der Wasserexperte des Bundesverbandes Bürgerinitiativen Umweltschutz, Nikolaus Geiler: ›Nicht einmal die Anwender kennen die genaue Zusammensetzung dieser Stoffe.‹

Noch im Sommer letzten Jahres enthielten Rheinwasser-Proben aus Mainz alarmierend große Mengen von Kolibakterien und anderen Keimen. ›Man muß immer damit rechnen‹, weiß Gewässerkundler Geiler, ›daß eine Welle von Krankheitserregern den Rhein runterschwimmt.‹ Magenverstimmung, Durchfall, Hautreizungen und Mittelohrentzündungen sind mögliche Folgen eines Flußbades.

Doch solche Risiken schienen Töpfer nicht zu schrecken. Seine Rheindurchquerung steht ganz in der Tradition schnell verpuffter PR-Gags christdemokratischer Kollegen.«

Frankfurter Rundschau, 15. 9. 88. »Der oberste Wassermann von Rheinland-Pfalz, Manfred Sauerbrey, verteidigte allerdings seinen gescholtenen Fluß. Mit Wassergüte II sei er schließlich weniger belastet als die Mosel. 30 bis 50 Schadstoffen forschen die Flußaufseher am Pegel Mainz nach. Untersucht wird auf Phosphatkonzentrationen, Schwermetallbelastung und Pflanzenschutzmittel. Nach Angaben Sauerbreys, der Skeptiker aus vier Wasserproben auch schon mal Rheinwasser rausschmecken läßt, war an Töpfers Badetag ein normaler Schadstofftag am Rhein. Die meisten Meßergebnisse lagen ›an oder unterhalb der Nachweisgrenze‹.

Töpfer vermied es trotzdem tunlichst, einen Schluck Rheinwasser zu nehmen. Schließlich ist immer noch ungeklärt, wie viele chemische Abfallprodukte im Abwasserkanal Rhein schwimmen.«

Das verdutzte Fazit. Wer nichts als die Bilder der Inszenierung in Fernsehen und Presse gesehen hatte, die meisten gewiß, mußte eine Sicherheit haben. Der hätte das doch nicht gemacht, wenn da Gefahr für Leib und Leben gewesen wäre. Ein Beweis.

Wer fünf Zeitungen dazu gelesen hatte, mußte verwirrt sein. Da war nichts eindeutig. Einige Belastungen waren schwächer geworden, andere geblieben, wieder andere womöglich angestiegen. Wer konnte das so genau wissen? Wer es letztgültig sagen, bei all den Interessen, Auffassungsunterschieden, Ungewißheiten, die da im

Spiel waren? Immerhin, Leib und Leben hätte dieser Profi gewiß nicht riskiert, hätten sie wirklich auf dem Spiel gestanden.

Wer alles gelesen hatte, was zu kriegen war, und auch selbst wußte, wie die Dinge laufen, mochte denken, daß der Minister wahrscheinlich nichts bewirkt, sondern eine Show inszeniert hatte, um das zu überspielen. Er würde die Bilder nicht als das lesen, als was ihr Urheber sie in Szene gesetzt hatte. Aber immerhin, ganz so schlimm kann die Sache nicht stehen, der ist doch informiert. Der hätte doch für den PR-Auftritt nicht Kopf und Kragen riskiert, wenn die Kloake im Ernst das reine Gift wäre. Noch dem wachen Zweifel mußten die Bilder, wenn auch anders als gedacht, ein Beweis sein. Bilder sind immer ein Beweis.

Die Selbstinszenierung der Person als Programm

28. Juli 1987. Nachrichtenarme Zeit in Bonn. Zeit der Sommertheater. Sie wird alljährlich mit kleinen Ereignissen, die in den Medien großgemacht werden, gefüllt. Oder mit Scheinereignissen, die in den Medien Ereignis werden. Man hat ja sonst nichts.

Pressekonferenz in Bonn. Der Generalsekretär der CDU präsentiert den versammelten Journalisten ein wohlvorbereitetes Dokument. Menschenrechte in Chile, CDU. Er kann sich in diesem Augenblick auf viele Bilder im Fernsehen und in allen Zeitungen der Republik stützen. CDU: Partei der Menschenrechte, Partei der Mitte. Seit Monaten plant er, seiner Partei gegen die Rechtsdrift von CSU und deren Gefolgsleuten in den eigenen Reihen ein neues Image zu geben, das sie für liberale Wechselwähler der Mitte wieder glaubwürdig und wählbar macht.

Nun fügt sich alles glücklich zusammen. Das neue Image, die Glaubwürdigkeit und die Ereignisse.

Norbert Blüm ist in diesen Tagen in Chile. Es geht um vierzehn Menschenleben. Vierzehn im Folterregime Pinochets zum Tode Verurteilte können am Leben bleiben, wenn sich ein Land findet, das ihnen Asyl gewährt. Das hat der Diktator in der höhnischen Zuversicht des Scheiterns in Aussicht gestellt. Innenminister Zimmermann (CSU), Partei-Partner und Ministerkollege Blüms, verweigert den vierzehn Asyl. Sie hätten selbst Gewaltgeständnisse abgelegt.

Strauß, Vorsitzender seiner Partei, und viele Gefolgsleute in beiden Schwesterparteien, voran der ehemalige Bundesgeschäftsführer der CDU, Heck, hatten den Putsch Pinochets 1973 trotz massivster Verletzung aller grundlegenden Menschenrechte als Rettung vor kommunistischer Bedrohung in Wort und Tat gestützt. Von einer Änderung der Politik der CDU-geführten Bundesregierung gegen das Folterregime war nichts bekannt geworden. Zusammenarbeit wie gewöhnlich, keine Sanktionen. Kein Druck. Nicht einmal Spannungen. Die Bundesregierung verträgt sich mit den Machthabern in Chile. Viele von denen, die sie tragen, meinen, bei der Unterstützung antikommunistischer Herrschaft in anderen Teilen der Welt seien kritische Nachfragen fehl am Platze.

In Chile spricht Blüm mit Folteropfern. Er berichtet aus erster Hand. Die Geständnisse der mit dem Tod Bedrohten wurden unter Folter erpreßt. Folter und Morde der Polizei sind, so stellt auch er nun fest, übliche Praxis des Regimes. Eine Pressekonferenz Blüms mit einem der Opfer wird in Chile arrangiert. Die Bilder erscheinen in der deutschen Presse. Pinochet empfängt den Quälgeist und zeigt sich erstaunt. Warum werde er plötzlich »von einem Mitglied der als Chile-freundlich empfundenen Bonner Regierungspartei derart hart gerüffelt« (*Frankfurter Neue Presse*, 27. 7. 87). Von dem Gespräch wird auf allen Kanälen, in allen Blättern berichtet. Mannesmut vor Fürstenthronen. Blüm habe auch im Angesicht des Diktators kein Blatt vor den Mund genommen. Er habe ihm unversöhnlich Mord und die Toten im Lande vorgehalten. Ein Mensch im Kampf mit der Macht des Bösen.

Von Chile aus beherrschen die Bilder des kompromißlosen Einzelkampfes und die Schlagzeilen seiner Taten die heimischen Medien. Nun gibt es doch ein großes, menschennahes Ereignis in der Sommerflaute. Die Nation ist live dabei. *Bild am Sonntag* bereitet die Bühne. »Blüm in Chile. Er klagt an: Babys mit glühender Asche gefoltert. Norbert Blüms Stimme am Telefon klingt erregt: ›Was ich hier gehört und gesehen habe, läßt mir das Blut in den Adern gerinnen. Es ist pervers, auf welche Ideen das menschliche Hirn kommen kann. Neun Monate alte Kinder werden auf ihre Mütter gelegt. Dann wurden sie zum Schreien gebracht, indem glühende Asche auf ihren Rücken gestreut wurde – so lange, bis die Mutter redete.‹« Es war unklar, ob Blüms private Reise die Billigung des Bundeskanzlers hatte. Der hielt sich bedeckt. *Bild am Sonntag* stellte klar: »Blüm prüft im Auftrag des Bundeskanzlers in Chile: Sollen die vierzehn zum Tode verurteilten Häftlinge in der Bundesrepublik Asyl bekommen?«

Es war, als hätte es nicht Jahr um Jahr die sorgfältig recherchierten Beweise über die alltägliche Folterpraxis Chiles in den parteipolitischen Possen unverdächtigen Berichten von Amnesty International gegeben. Als hätte es nicht nach dem Machtantritt des Diktators Zeugenaussagen, Beweise, Belege, Berichte über das Folterland in Hülle und Fülle gegeben, ohne daß die Bundesregierung je Konsequenzen erörtert hätte. Als brächte erst der Augenschein einer medienwirksam inszenierten Viertagesreise die Evidenz, die nüchternen Recherchen unabhängiger Organisationen über viele Jahre hinweg noch gefehlt hatte. Als hätten die Argumente der Opposition kein Gewicht und die aus Chile vertriebenen Zeugen im eigenen Land keine Bedeutung. Erst der als Augenschein der ganzen Nation weitergegebene Augenschein des Politikers brachte die Wahrheit an den Tag.

Die Aktion hatte Nebenfolgen. Nun war auf einmal genau im rechten Moment das neue Profil der CDU, scheinbar nicht durch viele Worte, sondern eine überzeugende Tat realsten Kalibers, bewiesen. Geißler reklamierte das auf einer Pressekonferenz, während immer neue Bilder von Blüm aus Chile eintrafen. Einladungsrubrik: »Arbeitsschwerpunkte der CDU als Volkspartei der Mitte« (*Bonner Rundschau*, 28. 7. 87).

Die CDU halte Blüms Auftritt, seinen Mut, den chilenischen Diktator Pinochet mit der Folterpraxis zu konfrontieren, »für ein wichtiges und aktuelles Beispiel der christlich-demokratischen Politik für die Menschenrechte«.

Ein Image war geprägt. Von links bis rechts, von der regierungsfreundlichen Presse bis zu ihren Kritikern – dem Eindruck der Tat, die hier geschehen war, konnte sich keiner entziehen. Blüms furchtloser Auftritt. Der Kronzeuge. Blüms mutige Reise. Vorsitzender der IG Druck und Papier dankt Blüm. Nur der *Bayernkurier* warnte: Blüm dient marxistischer Propaganda. Doch das bestätigte nur, daß sich hier eine neue Politik Bahn brach.

Blüm forderte von Chile aus, nun müßten die vierzehn Todeskandidaten in der Bundesrepublik Asyl erhalten. Eine linke Tageszeitung fand respektvolle Überschriften »Blüm: Todeskandidaten rausholen«, Interviews, Leitartikel, Berichte, als habe die deutsche Öffentlichkeit nie zuvor von Folter in Chile gehört.

Blüm und Pinochet in Chile, 24. 7. 1987

Doch nun war alles anders. Der prominente Name. Der Zank in der Regierungskoalition. Die zum Live-Ereignis gerüstete Medienbühne. Die Tat. Der rechte Zeitpunkt. Alle spielten mit.

Blüm breitete eine zutiefst menschenfreundliche Philosophie aus. Als habe er sie auf einer Entdeckungsreise soeben erst erfunden. Sie wurde zur populären Schlagzeile. Alles unter seinem Namen. »Es gibt auf der Welt keinen Grund, Menschen zu quälen« (*Zeit*, 31. 7. 87). Nicht was bis dahin politisch geschehen war, was nun geredet und gezeigt wurde, wirkte als Wirklichkeit. Wie blaß und wirklichkeitsfremd die Berichte von Amnesty International gegen die Aktion des lebendigen Mannes.

Es wirkte. Bei dieser Tat schien es, gegen alle Gewohnheit von Politikeraktionen, um ihn selbst und seine politischen Vorteile nicht zu gehen. Blüm stellte das klar. »Die Menschenrechte haben nichts mit Ost und West zu tun, sie müssen über der Parteipolitik stehen« (*Die Welt*, 28. 7. 87).

Beobachter meinten, die Regierung, der Blüm angehörte, verfügte, wenn sie wollte, über wirksame Mittel des Drucks auf die Regierung in Chile. Sie könne durch eine entschlossene Entscheidung die vierzehn vom Tode Bedrohten sofort durch Gewährung politischen Asyls retten. Vom Bundeskanzler, der diese Entscheidungen zu treffen hätte, war an den Tagen dieser Ereignisse nichts Bestimmtes zu hören.

Ein Kommentator zog dann bündig die Bilanz: »An Profil gewonnen hat in Chile Norbert Blüm. Dies war sicher nicht das Leitmotiv seiner Reise. Aber es kommt ihm in seiner Rolle als Herausforderer Johannes Raus in Nordrhein-Westfalen zugute, wenn er sich über seine erwiesene Kompetenz als Sozialpolitiker hinaus entfaltet. Wenn jemand Geißlers Wort, daß die CDU Wähler in der Mitte gewinnen müsse, erfolgreich in die Tat umsetzen kann, dann ist es Norbert Blüm. Hinter seinem Auftreten in Chile stand am Sonntag eine breite Mehrheit der Bürger dieses Landes« (*Bonner Rundschau*, 28. 7. 87).

Die spontane Reise eines Politikers just in dem Augenblick, als vierzehn Menschenleben bedroht waren und durch eine einfache und kostenlose Entscheidung der Regierung, der er angehörte, hätten gerettet werden können. Da ließ Blüm seinen Mut und seine Menschlichkeit, so mußten alle glauben, zur rechten Zeit spielen.

Die *FAZ* berichtete von Geißlers Pressekonferenz, ohne kritische Absicht. »Blüms Reise habe im Einvernehmen mit dem Parteivorsitzenden Kohl und nach Absprache mit Geißler stattgefunden, so der CDU-Generalsekretär. Blüms Vorstoß biete ein Beispiel dafür, daß der Schutz der Menschenrechte ein Schwerpunkt der CDU-Politik sei. In Geißlers Darlegung wurde deutlich, daß Blüms Aktion zu einer geplanten ›umfassenden Menschenrechtsdebatte‹ gehört, die in den nächsten Monaten von den Kreis- und Ortsverbänden der CDU geführt werden soll« (28. 7. 87). Da hätte die Partei noch lange von der öffentlichen Resonanz auf die mutige Tat zehren können.

Programmatische Konsequenzen auf dem folgenden CDU-Parteitag hat diese Ankündigung dann nicht gehabt. Eine Änderung der CDU-Politik in der Menschenrechtsfrage war nicht zu erkennen. Ein Image war geprägt. Eine Partei hatte Punkte gesammelt durch eine gleißende Inszenierung.

Das war eine meisterhafte Inszenierung vertracktesten Typs. Noch in der nüchternen Analyse aus zeitlicher Distanz, wo alle Informationen zugänglich sind, kann sie in den Motiven nicht beweiskräftig bloßgelegt werden. Nur der politische Verwer-

»»Bewegend‹ fand Norbert Blüm sein Gespräch mit dem Junta-Opfer
Carmen Quintana« (*Die Welt*, 28. 7. 1987)

»Heiner Geißler stellt sich hinter Blüm. In Bonn präsentierte er eine
55-Seiten-Dokumentation der CDU über Verhaftungen, Folterungen in
Chile« (*Hamburger Morgenpost*, 28. 7. 1987)

tungsmechanismus und die Nebenfolgen sind eindeutig. War es die Revolte eines Politikers als Mensch gegen die Macht der Politik, in die er verstrickt war, angesichts bedrohten Menschenlebens? Das wäre nicht zu widerlegen. War es ein in der Strategiezentrale des Konrad-Adenauer-Hauses geplantes Manöver nach allen Regeln der Medienwirkung, um eine falsche Fährte zu legen, die sich politisch auszahlt? Dafür sprechen fast alle Fakten. War es die glückliche, aber ungeplante Koinzidenz von Strategieplanung und persönlichen Regungen? Oder war es der Versuch eines der versiertesten politischen Inszenierer, eine komplexe Situation mehrdeutig zu nutzen, um eindeutig persönliches Image zu prägen? Dafür spricht das meiste.

Die Art, in der dieser danach, bis hinein in seinen Nordrhein-Westfalen-Wahlkampf des Jahres 1990, die eigenen Inszenierungen zitierte, um aus ihnen politisches Kapital zu schlagen, ist ein Beleg für diese Deutung. Dem Sozialismus laufen die Leute weg: Mensch Blüm.

Die Motive der Handelnden bleiben der Analyse verschlossen. Sie muß sich an Zusammenhänge und Wirkungen halten, auch wo die Motive naheliegen. Aufschlußreich an dieser exemplarischen Inszenierung symbolischer Politik sind aber nicht sie, denn sie finden sich in jeder Mischung auf allen Seiten. Aufschlußreich ist vielmehr die Konstellation, die solche Inszenierungen möglich und zugleich beinahe unmöglich macht, die Inszenierung als das, was sie eigentlich ist, öffentlich bloßzulegen.

Selbst der geübte Medienkonsument müßte viel Zeit und Mühe aufwenden, auf der Ebene realen Geschehens zu verfolgen, was die Regierung, was die inszenierende Partei und was der Akteur im Rampenlicht im Laufe der Jahre da, wo es um harte Fakten ging, getan oder unterlassen hat, um Menschenrechte in Chile zu stützen. Er wird sich ersatzweise und in der Erinnerung an das eine sinnenfällige Spektakel halten, wo Personen und Taten sinnenfällig erfahrbar waren. Wer, außer professionellen Beobachtern, könnte Energien und Mittel einsetzen, um die Folgen zu prüfen, die Fortsetzung des Stücks in der Realität, nachdem der Vorhang vor der Medienbühne heruntergegangen war? Wer könnte das Geflecht von Handlungen, Berichten, Hintergründen, Vordergründigkeiten, Personen, Parteien, Medien auflösen, um sich ein Bild vom Realgehalt der symbolischen Aktion zu machen?

Für Blüm scheinen sich der Vorteil dieser Lage und seine Fähigkeit dennoch nicht auszuzahlen. Die Häufigkeit und die Dosis seiner Inszenierungen, seine Neigung, nach erzieltem Erfolg zuzulegen, stehen ihm im Wege. Überinszenierung, das Sichtbarwerden des Regisseurs auf der Bühne gefährden den Erfolg. Grenzen werden sichtbar. Nicht Grenzen der Möglichkeit der Inszenierung des Scheins, sondern Grenzen von Personen, die Gesetze zu erkennen und zu wahren, die es einzuhalten gilt, wenn der Schein als Wirklichkeit wirken soll.

Politik als reine Inszenierung.
Das Beispiel Reagan

Am Beispiel Reagans läßt sich die Inszenierung des Scheins wie im Labor studieren. Reagans Amtsführung ist beispielhaft, nicht nur, weil der gelernte Schauspieler die Kunst am besten beherrschte und in der amerikanischen Mediengesellschaft am ausgiebigsten zur Geltung bringen konnte. Darin war Reagan seiner Zeit, den Fertigkeiten seiner Kollegen wo immer in der Welt und im eigenen Land eine Generation voraus. Das betrifft die Bilder auf der Bühne.

Der Fall Reagan ist auch beispielhaft, weil die Absicht und die Kunst der Inszenierung, wie sie sich hinter der Bühne darstellen, vom Drehbuch über die Auswahl der Kulissen bis zur Regieanweisung der Kameraführung und dem besten Augenblick für das Spektakel von Wegbegleitern analysiert und von Mittätern delikat enthüllt worden sind.

Als Reagan die Bühnen wechselte, von Hollywood nach Hollywood-East, wie Washington seither auch hieß, hatte die Kunst der symbolischen Inszenierung durch Talente wie Kennedy und Strategen wie Nixon schon beträchtliche Fortschritte gemacht. Der amerikanische Reporter Hendrik Smith hatte den Präsidenten auf der Bühne beobachtet. In seinem Buch *The Power Game* (1989) hat er, als der Vorhang für den großen Kommunikator gefallen war, untersucht, wie die Bilder entstanden, die die Macht zwei Amtsperioden lang trugen.

Das Ganze war ein einziger Glücksfall von Anfang an. Mit dem gelernten Schauspieler, der gewohnt und geübt war, sich sicher auf wechselnden Bühnen zu bewegen, vorbereitete Texte zu sprechen und Gags zu spielen, als drängten sie in diesem Augenblick aus tiefster Seele hervor, hatten die Medienberater des Weißen Hauses

Der ehemalige amerikanische Präsident Ronald Reagan schlägt mit Hammer und Meißel einige Stücke aus einem noch stehenden Teilstück der Berliner Mauer heraus

das perfekte Medium für ihren Krieg der Bilder gegen die Urteilskraft der Bürger in die Hand bekommen.

Der öffentliche Teil dieser Präsidentenschaft war eine ununterbrochene, allgegenwärtige Inszenierung. Er war die fortlaufende Produktion von sorgfältig vorgeplanten Schnappschüssen, »durchkomponierte Spontaneität« in so gut wie jedem öffentlichen Auftritt, und war es nur eine scheinbar zufällige Geste am Rande des Geschehens. Eine »Schnappschußpräsidentenschaft«. Es ging stets um das knappe, eindrückliche Bild, das dem Auge unwiderleglich mit einem einzigen Blick alles zu sagen schien, was die Regisseure mitteilen wollten. Der Medienberater Deaver hat das und die gesamte Strategie offenherzig, mit Stolz auf die perfekte Leistung, enthüllt: »Wir suchen immer nach dem Bild, das für sich selbst spricht. Das Bild erzählt die ganze Geschichte, egal was Ronald Reagan sagt.« Ein einziges Bild mußte die Eindrücke hervorrufen, auf die alles ankam. Was nicht ins Bild zu bringen war, wurde gemieden oder zugerichtet.

93

Reagan war in der bildhaften Darstellung meisterhaft, aber in der politischen Sachkenntnis unzuverlässig. Darum wurden die Pressekonferenzen minimiert und die Bilder maximiert. Die Pressekonferenzen, die blieben, wurden wie Bühnenauftritte tagelang geprobt, bis in die Gesten und scheinbaren Zufallsbemerkungen am Rande hinein. Ausgetestete Kommunikationstheorien wurden zugrunde gelegt, Medienberater von Format engagiert.

Reagans Bereitschaft, sich ihrer Herrschaft rückhaltlos zu unterwerfen, hat seine Amtszeit zur vermutlich ersten reinen Medieninszenierung in der Geschichte der Politik gemacht. Dieses erfolgreiche Verfahren wird, wo die Voraussetzungen verfügbar sind, allen seine Gesetze aufzwingen, die den Erfolg nicht fahrlässig verspielen wollen.

Die Planer der Inszenierung holte Reagan aus der Werbung. Sie hatten bewiesen, daß sie sich auf das Handwerk verstanden. Sie beherzigten und beherrschten alle Gesetze der visuellen Logik und wußten, wie ihnen Geltung zu verschaffen war. Bob Haldeman hatte die Grundlage geschaffen. Der optische Eindruck ist stärker als der akustische, das Auge siegt über das Ohr, Bild schlägt Ton. Auf kritische Nachfragen Hendrik Smiths zu den Widersprüchen von Taten und Eindrücken, Politik und Inszenierung erwiderte ein Mitglied der Reagan-Administration lachend: »An was wollen Sie glauben, an Fakten oder an Ihre Augen?«

So wurden stets zuerst die Bilder entworfen, die den gewünschten Eindruck hervorrufen sollten und dann das Drehbuch für den Darsteller. Eine Hauptrolle spielte bei all dem die Ökonomie der Medienzeit. Wann mußte die Inszenierung erfolgen, um breit zu wirken? Wann war die Zeit der größten Wahrscheinlichkeit, um schlechte Nachrichten untergehen zu lassen? Das Negative am Freitagnachmittag, wenn die Einschaltquoten des Fernsehens gering waren. Das Positive zur besten Zeit live.

Die Regie war so perfekt, daß sogar befreundete Staats- und Regierungschefs als Statisten mitspielten, ohne es zu merken. Die ganze Welt als zugerichtete Bühne. Als Mitterrand zum 40. Jahrestag der alliierten Landung in der Normandie Reagan vor Ort empfangen wollte, schrieben dessen Medienberater ein besseres Drehbuch. Reagan landete in aller Herrgottsfrühe allein an der Pointe de Huc, wie es die Sendezeiten zu Hause geboten. Als der Präsident vom Genfer Gipfeltreffen mit Gorbatschow heimkehrte, legte er einen Zwischenstopp in Brüssel ein, damit die

Ankunftszeit zu Hause die höchsten Einschaltquoten traf. Den Nato-Chefs, die er in Brüssel versammelte, um die Zeit zu füllen, wurde mitgeteilt, der Präsident sei nach Brüssel geeilt, um sie als erste über das Gipfelergebnis zu informieren.

Die Auftritte im einzelnen vorbereitet, ausgeführt, inszeniert wie Werbespots. Ein Besuch in Korea 1984 in der entmilitarisierten Zone, auf Sichtweite zur kommunistischen Herrschaft. Ort der Handlung: der am weitesten nördlich gelegene amerikanische Bunker Guardpost Collier. Auf Einsprüche der Sicherheit hin werden 30 km lang an eigens errichteten Telefonmasten Tarnnetze aufgespannt. Ein Unterstand für Kameraleute wird gebaut, die Reagan hinter der drapierten Kriegskulisse aus Sandsäcken aufnehmen sollen. Eine weitere Kamera wird in Stellung gebracht, die Reagan über die Schulter schaut, wenn er den Blick mit dem Fernglas ins Feindesland richtet. Die Sandsäcke werden niedriger, als wenn sie wirklich schützen müßten, aufgetürmt, damit der Präsident von der Gürtellinie an voll im Blick ist. Er trägt eine Armeejacke mit kugelsicherer Weste. Mit roten Klebestreifen wird genau markiert, wo Reagan zu stehen hat, um das künstliche Bild mit Leben zu erfüllen.

Nichts von dem, was er zu sagen hatte, zählte. Es kam nur auf ein Bild an, das die ganze Botschaft enthielt. »Genau das wollten wir: ein Bild vom obersten Befehlshaber an vorderster Front gegen den Kommunismus«, erläuterte ein Berater.

Das waren Bilder, die nicht fern waren von dem, was der Präsident wirklich dachte und tat. Wo es geboten schien, ging es auch anders. 1983 wurde eine Bilderreise durchs Land inszeniert, um Reagans Interesse an Bildung zu dokumentieren. Er hatte soeben den Bildungsetat gekürzt. Nun kam es auf Bilder an, die das überspielten. Der Präsident setzte sich in Klassenzimmer und ließ Kameras seine Gespräche mit Lehrern und Schülern beobachten. Seine Sorge um das Bildungswesen wurde glaubhaft. Seine Entscheidungen verschwanden im öffentlichen Bewußtsein hinter dem symbolischen Schein.

Der Wahlkampf 1986 war ein Gefecht plausibler Bilder auf beiden Seiten. Im Panzer, im Gespräch mit Schwarzen, ein Ohr für die sorgengeplagten Farmer, beim Fitneßtraining, zum Beweis der besseren Kondition. Es ging nicht um Argumente oder Absichten. Es ging um bildgestützte Eindrücke, die stärker wirkten als Argumente und Tatsachen. In diesem Metier war der große Kommunikator unschlagbar.

Er siegte nach dem Gesetz, nach dem er angetreten war: Verbreitung einer bildhaften Atmosphäre von Kompetenz, Besorgtheit, Selbstsicherheit und Würde. Die Selbstinszenierung der Person als Programm. Issueless Politics. Damals, 1980, vermied er die politischen Kontroversen. Er begann seine Kampagne am Labour Day bei laufenden Kameras unter der Freiheitsstatue in New York in Anwesenheit des Vaters von Lech Walesa. Die Bilder hatten gewirkt. Der Mangel an Sachwissen, schlüssiger Argumentation, an instrumenteller Kompetenz hat Reagan nie geschadet, auch wenn sich die Presse darüber hermachte, sobald Situationen der Planung entglitten waren.

Der Planer politischer Inszenierung im Konrad-Adenauer-Haus, Peter Radunski, hat das Geschehen kennerisch analysiert. »Im Zentrum der Kampagne stand der ruhig, selbstbewußt und sympathisch auftretende Kandidat.« Soweit Themen ins Spiel kamen, wurden sie als Kulissen in die Bildregie übernommen. Nicht um sie ging es schließlich. »Sie wurden weniger im Sinne einer differenzierten und umfassenden politischen Auseinandersetzung von Reagan behandelt, sondern in seiner Kampagne nur als Beigabe oder Unterstreichung seines Anspruchs auf die politische Führung angesehen« (Peter Radunski 1988, S. 318).

Massenmord als symbolische Inszenierung

Pogrome können vielen Motiven entspringen. Sie können vielen Zwecken dienen. Der blanken Vernichtung unliebsamer Minderheiten. Ihrer Einschüchterung, damit sie künftig nicht wagen, ein Recht zu beanspruchen. Sie können bloße Raserei sein, ohne Sinn und Verstand, wenn auch nie ohne Vorgeschichte.

Es gibt Pogrome, wohlentworfenen Massenmord, Lynchexzesse, schwere Körperverletzung und Serienvergewaltigung, die dienen dem bescheidenen Zweck einer symbolischen Inszenierung zu begrenzten politischen Zielen. So werden sie von denen, die dahinter stecken, im richtigen Augenblick in Szene gesetzt, auch wenn dann viele von denen, die als Helden und Komparsen zur Mordwaffe greifen, nicht wissen, in welchem Stück sie mitspielen.

Der als symbolische Inszenierung organisierte Massenmord ist die äußerste Form symbolischer Politik. In ihm schlägt sie aus dem

Amritsar 1990. »Sprache« der Gewalt

symbolischen Status in extreme Realität um, ohne diesen Status preiszugeben. In dieser Raserei hebt die symbolische Inszenierung sich auf und hat doch zugleich die beabsichtige Wirkung. Der Tod ist auch ein Symbol. Für die, um die es geht, und jene, die sich nicht blenden lassen, ist er die letzte Realität.

Ein Beispiel. Die Anti-Sikh-Pogrome in Neu Delhi, November 1984. Ihnen vorangegangen war eine jahrelange Auseinandersetzung zwischen der von Indira Gandhi geführten Congress-I-Regierung des Landes und militanten Sikhextremisten im Bundesstaat Punjab. Auf deren Höhepunkt hatte die Ministerpräsidentin der Armee den Befehl erteilt, das oberste Heiligtum der Sikhs, den goldenen Tempel in Amritsar, zu stürmen. In ihm hatten sich Tausende bewaffneter Aktivisten verschanzt. Der Anteil der Sikhs an der indischen Bevölkerung beträgt 1,7%.

Es ging nicht darum, die Sikh-Gemeinde auszulöschen. Die Kinder wurden alle geschont. Es ging um etwas viel Kleineres, das für die, die das Ganze ins Werk setzten, aber alles war. Die Sicherung der politischen Macht in einer fragilen Demokratie. Die Hinduwählermehrheit sollte in der Konfrontation des blanken Hasses als eine einzige Einheit über alle Gegensätze hinweg elektrisiert und verschmolzen werden, damit die, die in der gegebenen Situation als ihre legitimierten Sprecher aufzutreten verstanden, sich der Mehrheit sicher sein konnten. Massenmord als Wahl-kampf.

Die Pogrome wurden als Rache für die Ermordung der Minister-präsidentin aufgeführt. Damit war zugleich klargestellt, wer zum Inkasso der Dividende der Haßorgie berechtigt war. Es ging um nicht mehr als Stimmungen, die Stimmen bringen sollten.

Aus dem Bericht eines unabhängigen Bürgerkomitees: Die An-schläge auf Mitglieder der Sikh-Gemeinschaft in Delhi und seinen Vororten waren, weit entfernt, ein spontaner Ausbruch von Ver-rücktheit und Volkszorn über die Ermordung von Indira Gandhi zu sein, das Ergebnis eines wohlorganisierten Plans. Er war, gleich-chermaßen vorbedacht, durch Auftrag und Unterlassung seitens wichtiger Congress-I-Politiker an der Spitze und von Beamten in der Verwaltung gekennzeichnet.

Der Anschlag auf die Sikhs folgte einem einheitlichen Muster, wo immer er stattfand. Die Einheitlichkeit in der Abfolge der Ereignisse an jedem dieser so weit entfernten Orte beweist zwei-felsfrei, daß die Aktionen von einer organisierten, mächtigen Gruppe geplant und gesteuert wurden.

Es war auch ein eindeutiges Muster in der Auswahl der Opfer zu erkennen. Es handelte sich stets um männliche Sikhs im Alter zwischen zwanzig und fünfzig Jahren. Die Zahl der Opfer in Delhi allein dürfte über tausend liegen.

Die erste Phase des Pogroms war durch die Verbreitung von Gerüchten unmittelbar nach der Verkündung der Ermordung In-dira Gandhis am Abend des 31. Oktober gekennzeichnet. Es handelte sich um drei Gerüchte. Erstens, die Sikhs verteilten Sü-ßigkeiten und entzündeten Lichter, um den Tod von Frau Gandhi zu feiern. Das zweite Gerücht war, Hunderte von Hindu-Leichen aus dem Punjab, der Hochburg der Sikhs, seien im Bahnhof von Alt-Delhi angekommen. Drittens, das Trinkwasser in Delhi sei von Sikhs vergiftet worden. Was die letzten beiden Gerüchte an-geht, so stellte das Komitee fest, daß Polizisten mit Lautsprecher-autos durch verschiedene Gegenden gefahren waren, um sie öffentlich zu verbreiten. Die Gerüchte hatten zur Bildung jener öffentlichen Meinung beigetragen, die zu den Pogromen und Morden führte.

Die zweite Phase des Pogroms begann mit der Ankunft von Gruppen bewaffneter junger Männer auf Transportwagen, Motor-rollern und Motorrädern in der Nacht des 31. Oktober und am

Morgen des 1. November in verschiedenen südlichen und südöstlichen Wohngegenden Delhis, dem Zentrum der Trans-Yamuna-Kolonien und nördlichen Vierteln. Sie gingen mit Petroleum-Kanistern herum und setzten systematisch die Häuser, Geschäfte und Gemeindezentren der Sikhs in Brand. Augenzeugen vor Ort in allen betroffenen Vierteln berichteten, daß bekannte Führer und Aktivisten der Congress-I-Partei (ihre Namen sind im Anhang I des Dokuments wiedergegeben) die Brandstifter führten und ihnen Anweisungen erteilten. Örtliche Parteifunktionäre von Congress-I identifizierten die Häuser und Geschäfte der Sikhs. Im Süden Delhis standen Busse der städtischen Verkehrsbetriebe bereit, um die Mörderbanden von Tatort zu Tatort zu transportieren.

Zielscheibe waren junge Sikhs. Sie wurden aus ihren Wohnungen geschleppt, zusammengeschlagen und bei lebendigem Leibe verbrannt. Während alten Männern, Frauen und Kindern in der Regel erlaubt wurde zu entkommen, wurden ihre Wohnungen angezündet und ihre Wertsachen geraubt. In manchen Fällen kam es zu Gruppenvergewaltigungen von Frauen. In allen betroffenen Orten wurde der kalkulierte Versuch offensichtlich, die Menschen zu terrorisieren, indem die Sikhs auf offener Straße verbrannt wurden.

Überall schaute die anwesende Polizei tatenlos zu, ermunterte nicht selten zum Pogrom, indem verkündet wurde, die Gewalttäter hätten drei volle Tage freie Hand, oder beteiligte sich sogar aktiv an den Pogromen. Vorübergehend verhaftete Gewalttäter, unter ihnen Mörder, wurden auf massive Intervention von Congress-I-Politikern unmittelbar oder gegen eine Kaution von umgerechnet DM 25, mitunter auf bloße Vorlage ihres Ausweises hin unverzüglich auf freien Fuß gesetzt. In Kotla Mubarakpur berichtete ein örtlicher Sozialarbeiter von Polizisten, die den Gewalttätern gesagt haben: »Wir haben euch 36 Stunden gegeben. Hätten wir den Sikhs die gleiche Zeit gegeben, sie hätten alle Hindus umgebracht.«

Die Autoritäten an der Spitze, einschließlich vier Minister und die führenden Beamten der Stadtverwaltung von Delhi, wurden wiederholt über die wirkliche Situation informiert. Prominente Bürger, bekannte Persönlichkeiten, Mitglieder der Opposition und Bürger aus den betreffenden Wohngegenden telefonierten mit ihnen und nahmen persönlichen Kontakt auf. In den sieben wertvollsten Stunden jedoch, zwischen dem Mord an Indira Gandhi und seiner öffentlichen Bekanntmachung in den Medien, wurden keinerlei Sicherheitsmaßnahmen getroffen.

Die Motive der Gewalttäter variierten. Einige beteiligten sich aus Gehorsamkeit gegenüber der Führung, andere aus Ressentiment gegen die oft wohlhabenderen Sikhs oder um konkurrierende Geschäfte zu schädigen, viele wegen der Gelegenheit zum Plündern. Die Motive der Anstifter und Organisatoren waren eindeutig. Es ging um das Schüren von Ressentiments bei günstiger Gelegenheit. Zorn und Trauer sollten genutzt werden, um die Mehrheitsgemeinschaft der Hindus zu »galvanisieren«, zu einem einheitlichen Stimmblock zugunsten politischer Erben des ursprünglichen Mordopfers zu formen.

Dem Bericht ist eine Liste mit den Namen von 16 Congress-I-Politikern beigefügt, die auf frischer Tat identifiziert werden konnten.

Der Aufstand als symbolische Inszenierung

Ziviler Ungehorsam ist eine symbolische Inszenierung des Widerstandes einer Minderheit gegen die Politik der Mehrheit. Die Blockade in Mutlangen zum Beispiel. Dort hinderten einige hundert Protestanten amerikanische Militärfahrzeuge für eine begrenzte Zeit, die deklariert war, am Passieren des Raketenlagers. Diese Aktion galt nicht der tatsächlichen Verhinderung der Stationierung der Pershing II-Raketen. Sie galt auch nicht dem Ziel, die Entscheidung der verfassungsgemäß amtierenden Regierung der Bundesrepublik Deutschland durch den Willen der aktiven Minderheit zu ersetzen. Es ging vielmehr um einen symbolischen Gesetzesbruch, der die öffentliche Beratung über diese Entscheidung neu in Gang setzen sollte. Das Ziel war, in einer dramatischen Geste, bei der die Akteure Geld- und Freiheitsstrafen bewußt in Kauf nahmen, öffentlich wirksam der Mehrheit und ihren politischen Repräsentanten zu Bewußtsein zu bringen, daß die Rechtsgrundlagen des Gemeinwesens verletzt waren. John Rawls hat die klassische Definition des zivilen Ungehorsams geprägt »als einer öffentlichen, gewaltlosen, gewissensbestimmten, aber politischen gesetzwidrigen Handlung, die gewöhnlich eine Änderung der Gesetze oder der Regierungspolitik herbeiführen soll« (Rawls, S. 401).

Die Regelverletzung bei Handlungen zivilen Ungehorsams ist nicht als reale gemeint. Sie ist nicht das Ziel und nicht auf Dauer angelegt. Die Regeln, die dabei verletzt werden, sind nahezu beliebig, sie stehen mit dem Ziel der Aktion in keinem inneren Zusammenhang. Ob es nun die Verkehrsordnung, das Zivilrecht oder was sonst betrifft. Während das Gesetz verletzt wird, bekunden die Akteure ihm und der Rechtsordnung im Ganzen zugleich Respekt, denn sie verkünden öffentlich, vor der Tat, daß sie es nur symbolisch, vorübergehend und vor aller Augen verletzen wollen, nicht um es außer Kraft zu setzen, sondern um die Öffentlichkeit zur Neuaufnahme einer verweigerten Diskussion über die Ziele zu nötigen, um die es eigentlich geht.

Entgegen einem oberflächlichen Legalismus nötigen diejenigen, die sich zur riskanten Aktion des zivilen Ungehorsams entschließen, nicht die Personen, die unmittelbar betroffen sind. Sie nötigen die Gemeinschaft im Ganzen zu einem Gespräch über Grundlagen und Folgen einer Politik, die in ihrem Namen ausgeführt wird. Dies geschieht unter dem Vorbehalt, daß sich die symbolisch widersetzende Minderheit gleichwohl dem Willen der Mehrheit beugt, wie es die Rechtsordnung verlangt.

Ziviler Ungehorsam setzt die Anerkennung dieser Rechtsgrundlagen voraus, weil er zur Besinnung auf das veranlassen will, was sie bei sorgfältiger Prüfung verlangen. Gleichzeitig bekundet er, daß er eine neue Entscheidung in ihrem Rahmen erstrebt, ihnen aber selbst dann noch Gehorsam leistet, wenn sein Appell erfolglos bliebe. Seine Gesetzesverletzung und die scheinbare Gewalt, die sie mit sich führt, sind symbolisch. Er ist ein symbolisch inszenierter Aufstand zum Zwecke der Rückgewinnung des Rechtsbewußtseins in den politischen Diskursen des Gemeinwesens.

Der reale Aufstand, Widerstand, zielt auf die Vernichtung der Rechtsordnung, die Liquidation unliebsamer Gesetze oder die unmittelbare Annullierung legaler Entscheidung mit den Mitteln heimlicher Gewalt. Ziviler Ungehorsam inszeniert Gewalt als symbolische Handlung, um den Diskurs zu dramatisieren.

Er dient nicht der Aufhebung des Willens der Mehrheit, sondern der Sensibilisierung ihres Rechtsbewußtseins auf den gemeinsam geteilten Verfassungsgrundlagen. Seine symbolische Regelverletzung ist niemals mehr als ein zugespitztes Kommunikationsangebot. Anders als der reale Aufstand, will er nicht mit Gewalt erreichen, wovon der öffentliche Wille mit Argumenten nicht zu

Protest in Mutlangen, 2. 9. 1983

überzeugen ist. Er erklärt nicht der Gesellschaft die Fehde. Er bestreitet ihr nicht die moralische Zurechnungsfähigkeit, sondern setzt sie voraus.

Ziviler Ungehorsam ist eine symbolische Inszenierung der Machtlosen zur Radikalisierung einer Gesprächsposition im politischen Diskurs. Die reale Gewalt des Aufstands, Widerstand in der Demokratie, stellt sich über den Diskurs. Er behauptet die Unzurechnungsfähigkeit der Mehrheit oder, in Diktaturen, die Intransigenz der Macht. Ziviler Ungehorsam ist eine kommunikative Strategie, der symbolische Aufstand, den sie inszeniert, ein Element im Diskurs. Widerstand schreibt die öffentliche Kommunikation als hoffnungsloses Manöver ab. Ziviler Ungehorsam erzeugt Symbole, Widerstand will Fakten schaffen.

Ziviler Ungehorsam ist eine Inszenierung von unten. Er ist ein Instrument der Machtlosen, die weder über die Mittel legitimer politischer Gewalt noch über privilegierte Zugänge zu den Medien verfügen. Er nutzt die Macht der Medienfaktoren, das ungewöhnliche Ereignis dem gewöhnlichen, den Eklat dem Argument, die

Prominenz dem Bürger vorzuziehen, um sich nach deren eigenen Regeln Zugang zu ihnen zu verschaffen. Er ist die Form, unter der die Objekte der Massenkommunikation zu ihren Subjekten werden wollen.

Er dreht den Spieß um und instrumentalisiert unter dem Risiko persönlicher Bestrafung die Regeln der Massenkommunikation in komplexen Gesellschaften zugunsten der Ausgeschlossenen. Er spielt den Bürgerkrieg als symbolisches Ereignis, aber so, daß die reale Gesetzübertretung wirkliche Folgen hat. Er ist, wenn die normale Kommunikation versagt, das letzte Mittel, die Kanäle der öffentlichen Kommunikation zu besetzen. Nicht real, sondern durch symbolische Aktionen, die nach deren Regeln entworfen sind. Symbolische Politik von unten. Im Gegensatz zu den symbolischen Inszenierungen von oben freilich birgt sie das Risiko von Strafe für alle, die sich zu ihr entschließen. Sie ist Ausdruck der prinzipiellen Asymmetrie der Kommunikationschancen von oben und unten in komplexen Gesellschaften, in denen der öffentliche Diskurs allein noch von den Medien gestiftet und vermittelt werden kann.

Gesetzgebung als symbolische Inszenierung

Alle Gesetze haben symbolische Absichten und sind darauf bedacht. Sie demonstrieren, wo der moralische Konsens des Gemeinwesens unbedingte Geltung verlangt, und bedrohen seine Verletzung mit Strafe. Sie sind zugleich instrumentell wirksam, sofern die Strafe wirklich vollstreckt wird, und fungieren symbolisch, sofern die Strafandrohung Verhalten steuern will.

Es gibt aber Akte der Gesetzgebung, die allein Verhalten beeinflussen sollen, weil die Möglichkeit der Bestrafung ihrer Verletzung real nicht gegeben ist. Und es gibt Akte der Gesetzgebung, die Entscheidungshandeln der politischen Macht vortäuschen, wo es nicht möglich oder beabsichtigt ist. Nicht so sehr das Gesetz selbst, sondern die öffentliche Inszenierung seiner Verabschiedung erzeugt den Schein entschlossenen Handelns, das nicht geschieht. Alibigesetze, Placebogesetze dieser Art sind verbreitet. Es beginnt mit der Verfassung, die Gleichheit zwischen den Geschlechtern feierlich proklamiert und Ungleichheit ermöglicht. Es endet mit der Verordnung über den ökologischen Notstand in einem Bundesland, der äußerste Entschlossenheit inszeniert, ohne die Ursache der Katastrophe abzustellen.

Die amerikanischen Prohibitionsgesetze erfüllten ein moralisches Mehrheitsbedürfnis in dem Bewußtsein, den Alkoholkonsum derer, die ihn entschlossen begehrten, nicht abstellen zu können.

1987 kam Unruhe in der Bundesrepublik auf, als bekannt wurde, daß die überall im Lande zum Verkauf angebotenen Seefische hochgradig von Nematoden befallen waren. Ekelerregende Fernsehbilder sezierter Fische verbreiteten Angst und Empörung. Die beunruhigte Öffentlichkeit verlangte entschlossenes Handeln des Staates zum Schutze ihrer Gesundheit. Der Absatz von Seefischen ging sprunghaft zurück. Das Überleben der Hochseefischerei stand auf dem Spiel. Wirtschaftliche Interessen der Erzeuger, Gesundheitsinteressen der Konsumenten verlangten rasches, öffentlich wirksames Handeln. Kompetenz und Glaubwürdigkeit der Regierung waren in Frage gestellt.

»Der Bundesgesundheitsminister reagierte sofort. Er kündigte eine umfangreiche Verordnung an, die sicherstellen soll, daß kein befallener Fisch mehr in den Handel gelangt. Das Abtrennen der Bauchlappen, das Salzen und Marinieren, das Tiefgefrieren der

Fische etc. sollen detailliert geregelt werden. Die Akündigung der Verordnung wurde mit Befriedigung aufgenommen; der Staat zeigte, daß er die Probleme im Griff hat, soweit sie angesichts der natürlichen Gegebenheiten überhaupt in den Griff zu bekommen sind.

Die Verordnung ist ein Alibigesetz und zählt deshalb zur symbolischen Gesetzgebung, obwohl sie äußerlich betrachtet mit ihren detaillierten Handlungspflichten geradezu der Inbegriff eines instrumentellen Gesetzes zu sein scheint. Die Fischereiwirtschaft hat sämtliche verordneten Maßnahmen gleich im Sommer von sich aus eingeführt, um den Skandal einzudämmen. Der öffentliche Druck dabei stellt sicher, daß diese Maßnahmen auch in Zukunft von allen Beteiligten peinlich genau beachtet werden. Findet sich bei den zahlreichen Kontrollen privater und halbstaatlicher Stellen auch nur ein lebender Wurm oder eine einzige lebende Larve, so ist es, wie die Fischereiwirtschaft sehr wohl weiß, um ihre Existenz geschehen. Auch dem Gesetzgeber kann nicht verborgen geblieben sein, daß Handlungsbedarf im instrumentellen Sinne deshalb nicht besteht. Politischer Handlungsbedarf dagegen ist nicht zu bezweifeln« (Kindermann, in: Voigt, S. 268).

In Indien wurde im Jahre 1986 ein Gesetz zum Verbot der Kinderarbeit erlassen. Es gab im Lande viele Millionen von Kindern, die in allen Bereichen zur täglichen Arbeit gezwungen und am Schulbesuch gehindert waren, viele in Formen von Leibeigenschaft. Sie besuchten niemals eine Schule und kamen nicht in den Genuß von Arbeitsschutz. 1990 gibt es in Indien annähernd die gleiche Zahl zu Arbeit gezwungener Kinder wie zum Zeitpunkt der Gesetzgebung, etwa 4 Millionen. Noch immer viele von ihnen in Formen der Leibeigenschaft. Sie arbeiten vergeblich Schulden ab, die ihre Eltern gemacht haben, werden von den Eltern vermittelt oder geraten als Waisen in fremde Hände.

Das Gesetz gegen die Kinderarbeit hatte als großer Schritt auf dem Weg zu einem modernen Indien gegolten. Es war als entschiedene Tat der Regierung gegen Rückständigkeit und Entwürdigung gefeiert worden.

In Indien gibt es eine wohlorganisierte Rechtssprechung nach dem Vorbild der alten Kolonialmacht. Günter Grass, 1987 zu Besuch in einem Hause in Calcutta. »Endlich ruft uns ein Herr im üblichen Pyjama von einer Balustrade herab in den rechten Flügel. Er ist Richter beim High Court. Im Mittelgeschoß bewohnt er einige sinnlos große Räume. Er erklärt sich und den Palast. Leider ist die Familie mittellos, und die Stadt könne, wie andere, auch diesen Palast nicht erhalten. Den Tee bringt ein Mädchen, das, wie wir hören, elf Jahre alt und von der Schwester achtjährig in die Stadt gebracht worden ist. Später führt uns das Kind (ohne den High-Court-Richter) über eine baufällige Wendeltreppe auf die Dachterrasse. Dand übersetzt: Vierzig Rupien (sechs Mark) betrage der Monatslohn des Mädchens bei freiem Essen. Es könne nicht lesen und schreiben wie die etwas älteren Kinder des Richters: ein Fall tagtäglicher, natürlich gesetzwidriger, doch jenem Richter selbstverständlicher Ausbeutung. Es fällt dem Herrn und dessen Frau, die wir nur flüchtig sehen, nicht ein, mit ihren Kindern das Mädchen unterrichten zu lassen.« (Grass, S. 86f.)

Vortäuschung politischer Handlungsmacht, das eine Mal. Blanker Zynismus derer, die wissen, niemand erwartet, das symbolische Gesetz würde auch eingehalten, das andere Mal. Dieser Richter wäre im Zweifelsfall berufen, das Urteil zu sprechen, wo Anklage wegen der Verletzung des Gesetzes gegen die Kinderarbeit erhoben wird. Grade des Zynismus im unterschiedlichen Kulturzusammenhang. Ein Gesetz, das den Schein, es gäbe Taten gegen den Mißstand, erzeugt, in beiden Fällen. Gesetzgebung als inszenierter Handlungsschein.

6. Soziale Bedingungen der Möglichkeit symbolischer Politik

Visuelle Logik. Fernsehen als Kultur-Metapher

Symbolische Inszenierungen sind keine Form des Diskurses. Sie sind die Suggestion eines Scheins von Wirklichkeit. Sie zielen nicht auf Argumentation, sondern auf stupende Wahrnehmung. Sie können als blanke Gewalt auftreten. Das ist nie zu übersehen und spricht sich auch ohne viel Beihilfe von Medien rasch und sicher herum. Dort wo Aufmerksamkeit aller um jeden Preis erzwungen werden soll und das bloß persuasive Symbolhandeln über die Medien geringe Erfolgschancen hat, sei es, weil sie nur wenige erreichen, sei es, weil ihre Nachrichten und Bilder nur ein geringes Gewicht gegen die Gewalt der Lebensverhältnisse erringen, erscheinen sie den Sozialingenieuren der Inszenierung als wirksames Mittel zum politischen Zweck.

In einer mediengeprägten Kultur wie der Bundesrepublik übernimmt das sinnenfällige Bild die Mittlerrolle, sei es als Television, sei es als Sprachhandlung. Die kulturelle Hegemonie des Fernsehens und seiner visuellen Logik ist eine Bedingung der Möglichkeit massenwirksamer symbolischer Inszenierung, die gewaltlos das Bild der sozialen Welt prägt. Sie legt sie nahe und lädt zu ihr ein. Sie bestimmt die Formen ihres Erfolges. Sie stellt die Wahrnehmungsform bereit, in der sich der Schein entfalten und die Wahrnehmung prägen kann.

Die Art, wie das Fernsehen seine Bilder inszeniert und Informationen präsentiert, läßt die Kultur insgesamt nicht unbeeinflußt. Als kulturelles Leitmedium prägt es die Muster, die Aufnahmebereitschaft und Verarbeitungsweise von Informationen. Es gewöhnt die Menschen an seine Art der zerstreut–zerstreuenden Wahrnehmung rasch wechselnder Bilder. Und es schlägt die anderen Medien in seinen Bann. Soweit sie können, müssen sie werden wie es, um die fernsehgeprägte Erwartung ihrer Kunden überhaupt noch erreichen zu können. Die Logik der bildlichen Information im Fernsehen wird zur Logik von Massenkommunikation im ganzen, weil sie die Macht hat, die Zuschauer nach ihrem Bild zu formen.

Neil Postman hat dieses Hegemonieverhältnis auf einen Begriff gebracht. Das Fernsehen sei zur Metapher einer ganzen Kultur geworden. Dies ist eine andere Fassung der ehrwürdigen These des selber zum Mythos des Mediums gewordenen Marshall McLuhan über den Mythos des Mediums. Der Mythos wirkt als Grundmuster der Wahrnehmung. Er ist in unserer Sicht aller Dinge maßgebend gegenwärtig, gerät selbst aber nicht in den Blick. Die Art, wie das Fernsehen uns die Welt zeigt, wird zur Art, wie wir die Welt sehen. Was nicht ins Bewußtsein dringt, ist die Frage, warum wir sie gerade so sehen – wollen.

Nicht nur der Typus Bildzeitung, der weit genug um sich gegriffen hat, zeigt, was das heißt. Und nicht nur die witzigen Comics, von denen wir uns heute in die Psychoanalyse, den Marxismus, die Geschichte der Französischen Revolution ebenso spielend einführen lassen können wie in Gentechnologie oder Relativitätstheorie.

Postman spricht, in der Überspitzung selbst Zeuge der kulturellen Deformation, die er bloßstellt, vom Ende der sprachgeprägten Kultur des Zeitalters der Aufklärung. Die Kultur der Nachdenklichkeit, des Diskurses, der Reflexion, vom Buch geprägt bis hinein in die Art, wie rivalisierende Politiker ihre öffentlichen Fehden austragen, wird auf ganzer Front von der Guck-Guck-Kultur des Fernsehzeitalters verdrängt, in der die flüchtigen Bilder einander jagen.

Das Buch formte eine Kultur der Sprache und machte sie als Massenkultur möglich. Ihre Logik sind konzentrierte Aufmerksamkeit und diskursives Reden. Behauptungen, Argumente, Gedanken verlangen Erörterung, Analyse, Gegenargumentation. Das Buch läßt sich und uns die Zeit, auf Geschichte und Zusammenhang dessen, wovon die Rede ist, im Ernst einzugehen. Und wir müssen und können uns die Zeit nehmen, weil das Medium nicht den Rhythmus der Aneignung diktiert. Medium und Logik der kulturellen Erfahrung waren im Einklang.

Voller Bewunderung berichtet Postman von den endlosen Rede-duellen zwischen Abraham Lincoln und Stephen A. Douglas. In Peoria, Illinois, zum Beispiel, hatte Douglas am 16. Oktober 1854 eine dreistündige Ansprache gehalten, auf die Lincoln verabredungsgemäß antworten sollte. Als er schließlich an der Reihe war, machte er sein Publikum darauf aufmerksam, daß es schon 5 Uhr nachmittags sei; er selbst werde für seine Rede wahrscheinlich ebensoviel Zeit benötigen wie Douglas, und es sei vorgesehen, daß dieser noch eimmal Gelegenheit zur Erwiderung bekomme. Lincoln machte seinen Zuhörern deshalb den Vorschlag, sie sollten heimgehen, zu Abend essen und dann erfrischt zurückkommen, um weitere vier Stunden den Reden zu folgen. Das Publikum stimmte freundlich zu, und die Sache nahm ihren Fortgang, wie Lincoln es vorgeschlagen hatte.

Postman fragt, was für ein Publikum war das? Wer waren diese Leute, die sich freudigen Herzens sieben Stunden Rednerkunst gefallen ließen? Gewiß ganz andere als jene, die in geschlossener Veranstaltung einer sechs Stunden während Ablesung vom Blatt durch Breschnew oder Honecker beizuwohnen hatten. Und sicher auch andere als jene, die immer mal wieder Zeugen einer fünfstündigen Stegreifrede des Lider maximo in Kuba werden.

Es ist wahrhaftig verblüffend, wie gründlich sich das alles geändert hat. Noch August Bebel konnte auf den sozialdemokratischen Parteitagen um die Jahrhundertwende über einen Marathondiskurs von sieben Stunden hinweg mit weitausholender Rede Hunderte in seinen Bann schlagen, die die Freiheit gehabt hätten, zu gehen, und gewiß auch den Mut, zu bekunden, wann es ihnen reicht.

An die Stelle dessen sind mittlerweile Podiumsdiskussion und Talkshow getreten. Wie im unmittelbaren Bildschnitt können die Teilnehmer Eindruck machen oder einander antun, wozu Witz, Schlagfertigkeit oder Darstellungskunst ausreichen. Redner sind nicht gefragt. Wer keinen Unterhaltungswert hat oder wenigstens rasch genug wieder verstummt, wird erbarmungslos zur Kulisse. Das amüsante, flinke Wechselspiel der Parade der Typen, der Austausch schlagfertiger Bonmots, Statements, Gesten, ist an die Stelle der gelassenen Erörterung getreten. Am besten machen sich witzige Streithähne. Das gilt für »Drei nach Neun« so gut wie für die »Bonner Runde«: Podiumsdiskussion und Talkshow wirken wie inszenierte Bildzeitung. Als Manifestationen der optischen Logik des Fernsehens sind sie seine Lieblingskinder. Längst haben sie seine engen Bühnen verlassen und werden universell. Überall finden sie Verwendung. Im Klassenzimmer und an der Universität, in der Kirchengemeinde und auf der Wahlkampfversammlung, beim Nachbarschaftsfest und auf der Protestkundgebung. Das ist der historische Weg von der Hetäre zur Peepshow.

Denken kommt auf dem Bildschirm nicht gut an. Wer auf ihm

wirken will, darf den Eindruck des Denkens nicht erwecken. Die Zeit ist kurz zwischen den Schnitten, die nötig sind, um die Aufmerksamkeit der Zuschauer nicht zu verspielen. Der Eindruck zählt, nicht das Argument. Die Wahrnehmung herrscht, nicht der Diskurs. Geschichte und Kontext langweilen, lenken ab, verscherzen Aufmerksamkeit. Es gilt, sekundenschnell starke Eindrücke zu erwecken. Wer oder was auf dieser Bühne wirken will, muß seine Eindrücke wie Bilder plazieren, die für sich selber stehen und wirken. Einzeln, stark, ohne Kontinuität, Hintergrund und Zusammenhang. Der Anti–Diskurs der Fernsehbilder ist ein Mosaik kontextgereinigter Seheindrücke. Der Zusammenhang, dem sie entnommen sind, ist ausgetilgt. Nun stellt sich ein Scheinzusammenhang disparater Bildsplitter her. Ein Flickenteppich unverbundener Wahrnehmungsfetzen. Eine Bruchstückwelt, die ihren Zusammenhang nicht dem Vorbild verdankt, dessen Abbild sie sein will, sondern einzig noch dem Willen der Regie.

Politiker müssen da auf der Hut sein. Nicht was einer sagt, was er getan habe oder tun werde, wirkt. Eindruck erwecken, sich zum Bild machen können. Die Wahrnehmung beherrschen. Sketche inszenieren. Überraschende Gesten präsentieren. Unterhaltend wirken. Den Schein von Glaubwürdigkeit in diesem Augenblick erzeugen. Ein Varieté der Eindrücke.

Wer lange redet, scheint nichts mitteilen zu wollen. Wer starke Bilder liefert, scheint eine Botschaft zu haben. Wer oder was nicht als Bild wirkt, hat schlechte Karten.

Das Potpourri der Eindrücke, die wirken, ist nicht amorph. Es folgt seiner eigenen Logik der Stimmigkeit, die unerbittlich ist. Es ist nicht die Logik des Diskurses, sondern der visuellen Angemessenheit. Die Optik triumphiert. Hier gelten andere Gesetze. Nicht die Begründung, sondern die Eindrücklichkeit, nicht der Tiefgang, sondern die Spannung, nicht die Rationalität, sondern die Dynamik, nicht die Prüfbarkeit, sondern die Bildhaftigkeit entscheiden.

Der Exzeß, das Auffällige, das, was sich abhebt vom Fluß der geläufigen Eindrücke, bestimmen die Geltung. In der Optik gelten die Botschaften, nicht die Argumente. Sie zählen nach den Regeln der Unterhaltung. Aber nicht nur so, daß nur noch zählt, was unterhält, sondern so, daß Unterhaltung bestimmt, was zählt und darum gilt. Dieses Verschwimmen von Geltung und Unterhaltung, von Spannung und Begründung, dieses Quidproquo von Logik und

Optik ist es, was das Fernsehen als kulturelle Metapher hervorbringt. Als Bildeindruck gilt alles gleich viel, ob es nun der Kummer des Stars oder das Elend der Verhungernden ist, das Parlando des Quizmasters oder der Appell des Studiogastes zur Hungerhilfe, der Scherz des Mächtigen oder der Charme des Aufrechten.

Das Bild ist ein radikaler Gleichmacher ohne Gnade. Es sieht keine Einspruchsmöglichkeit vor und anerkennt keine Berufungsinstanz. Es macht aber nicht das Gleiche gleich, sondern nur das Gleichwirkende. Die Metaphysik der Bilder ist die Gleichgültigkeit. Darum ist das Fernsehen als kulturelle Metapher das ideale Vehikel postmoderner Beliebigkeit.

Was gleich wirkt, ist gleich gültig. Der Schein vereinigt die Extreme. Im Eindruck wirkt nachbarlich, was in der Tat zueinander steht wie Feuer und Wasser.

In der Logik des Scheins werden Aufmerksamkeit und Wahrheit, Attraktion und Legitimation auf abgründige Weise eins. Jerry Mander hat ihren Kanon in einer bitteren Liste formuliert.

Krieg ist fernsehgerechter als Frieden. Gewalt ist fernsehgerechter als Gewaltlosigkeit. Geschehnisse sind fernsehgerechter als Informationen. Waren sind fernsehgerechter als Werte. Objekte sind fernsehgerechter als Lebendiges. Charismatische Führer sind fernsehgerechter als Botschaften. Personen sind fernsehgerechter als Bewegungen. Symbole sind fernsehgerechter als Philosophien. Zentren sind fernsehgerechter als Beteiligung. Oberfläche ist fernsehgerechter als Tiefe. Kürze ist fernsehgerechter als Zusammenhänge.

Ergebnisse wirken stärker als Prozesse. Verbale Informationen als sinnliche Erfahrung. Konflikt als Übereinstimmung. Lust als Zufriedenheit. Leidenschaft und Angst als Gelassenheit. Konkurrenz als Kooperation. Habsucht als Geistigkeit. Handeln als Sein. Lautes als Leises. Nahes als Fernes. Einfaches als Komplexes.

Lineares hat Vorrang vor dem Verschachtelten. Das Einzelne vor dem Zusammengesetzten. Das Spektakuläre vor dem Vieldeutigen. Das Starre vor der Entwicklung. Das Statische vor dem Fließenden. Das Ausgefallene vor dem Gewöhnlichen. Fakten vor Meinungen. Das Besondere vor dem Allgemeinen. Der Gefühlsausdruck vor dem Gefühl. Das Verbale vor dem Non–Verbalen. Die Werbung vor dem Leben. Die Quantität vor der Qualität. Die Gymnastik vor dem Yoga. Das Endliche vor dem Unendlichen. Der Tod vor dem Leben (S. 274-279).

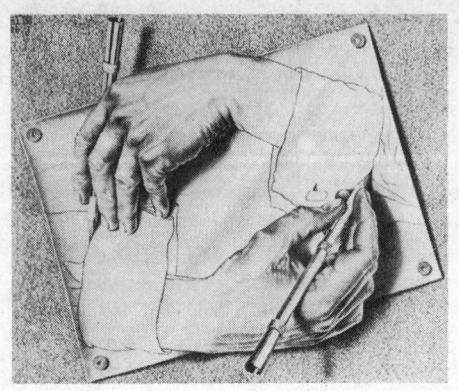

Zeichnende Hände, M. C. Escher, 1948

Fernsehen als kulturelle Metapher heißt, daß wir die Welt so sehen, wie wir sie im Fernsehen sehen, auch wenn wir nicht fernsehen. Heißt, daß sich die öffentlichen Akteure so aufführen, wie sie sich im Fernsehen aufführen würden, auch wenn sie nicht im Fernsehen sind. Das Fernsehen zeigt uns die Welt so, wie wir sie im Fernsehen sehen wollen. Am Ende wollen oder können wir die Welt gar nicht mehr anders sehen, als wir sie im Fernsehen sehen. Gödel, Escher, Bach.

Wer will, daß er Platz findet in unserem Bild von der Welt, muß den Kanon der visuellen Logik nicht nur beherzigen, sondern beherrschen. Auch wenn er weiß, daß nicht das Auge der Kamera, sondern nur die Imagination der Zeitungsleser sieht, was er tut, folgt er den Gesetzen der visuellen Logik. So kommt es zur »Partnerschaft von Photographie und Schlagzeile« (Postman, S. 96).

Das dominante Medium bestimmt die Diskursstruktur, auch wo es selbst nicht im Spiele ist, weil es die Regeln des Spiels schon längst bestimmt hat. Der Kanon der optischen Logik bestimmt die Grammatik des öffentlichen Diskurses. In diesem, sozusagen transzendentalen Sinne, ist das Medium »Epistemologie«. Es bestimmt in einem Atemzug die Form und die Geltungsbedingungen der Wahrheit öffentlicher Auftritte.

Es geht also nicht um Manipulation, sondern um Epistemologie. Die Bedingung der Möglichkeit, öffentlich Gehör und Zustimmung zu finden.

Das Verhältnis von Bilderschein und sozialer Welt beruht auf einem sich selbst bestätigenden doppelten Zirkel. Das Medium produziert seine Bilder, wie es dem wirklichen Wahrnehmungswillen seines Publikums entspricht. Der Erfolg entscheidet ja schließlich. Das Publikum verlangt unduldsam nach der Logik der Bilder, von der es überwältigt wird. Das Publikum und seine Helden imitieren aber auch die Bilderwelt des Mediums. Das Medium reproduziert im zweiten Durchgang als Abbild, was Abbild seiner Bilder ist. Was als Verfälschung des Gegebenen erscheinen könnte, wird im nachhinein zur getreulichen Reproduktion der Welt. Der doppelte Zirkel hat sich geschlossen. Ein endloses goldenes Band. Die Hand des Mediums zeichnet die Welt, die das Medium zeichnet.

Soziale Welt und Medienwelt

In der akademischen Welt hat sich ein Gemeinplatz eingebürgert, der sich im Zentrum jeder neuen Studie unbehelligt breitmacht. Die Konstruktion der Wirklichkeit in den Medien sei, mit Sorgfalt betrachtet, kein neuer Sachverhalt und auch nicht weiter fragwürdig, denn alle Wirklichkeit sei ja nichts anderes als eine soziale Konstruktion.

Der Versuch, die Konstruktion der Wirklichkeit in den Medien einem besonderen Manipulationsverdacht auszusetzen, erscheint in der Beleuchtung, die von diesem Gemeinplatz ausgeht, als ein hoffnungslos naives Unterfangen. Der Fall sei längst geklärt. Spätestens seit der zum Klassiker avancierten Demonstration von Peter B. Berger und Thomas Luckmann im Jahre 1966 sollte jeder Betrachter wissen, daß dem Menschen als Geschöpf einer sozialen Symbolwelt Wirklichkeit in jedem Falle immer nur als soziale Konstruktion gegeben ist. Der Wunsch prinzipieller Medienkritiker, die Wirklichkeit der Medien an der vermeintlich wirklichen Wirklichkeit zu messen, sei ein erkenntnistheoretisches Mißverständnis. Dergleichen sei ein Hirngespinst. Grundwissen von den Gesetzen der sozialen Ontologie belehre uns, daß hinter unseren diversen Konstruktionen nicht so etwas wie die Gesellschaft als Ding an sich zu finden ist.

Was sich vergleichen läßt, seien nur soziale Konstruktionen un-

tereinander, nie Wirklichkeit und Fiktionen, die ja in solchem Vergleich erst dazu würden. Entscheidender noch als das sei ein anderer Sachverhalt. Der lasse sich mit den Instrumenten der Systemtheorie überzeugend sichtbar machen. Die Konstruktion der Wirklichkeit sei so vollständig eingewoben in die symbolischen Netzwerke und sozialen Kontrollen der normalen gesellschaftlichen Konstruktion der Wirklichkeit, daß alle Versuche, die Wirklichkeit der Medien in kritischer Absicht zu thematisieren, gegenstandslos sind.

Was anders erscheint an dieser Wirklichkeit, die Intervention der Nachrichtenmedien, die jedes Ereignis ins selbe Prokrustesbett zwingen, begründe, zu Ende gedacht, auch keinen Einspruch gegen dieses Urteil. Der Status der Wirklichkeit in den Medien sei keinen Deut heikler als der der Wirklichkeit selbst. Alle Akteure der Medienszene sind Mitspieler in dem sozialen Spiel des Austausches von Symbolen und Kontrollen. Was aus ihm hervorgeht, ist eine einheitliche Welt. Das Beharren auf dem Urteil, die Wirklichkeit sei ein Fall für sich, könne daher nichts für sich ins Feld führen als Ignoranz.

»Ohne einen Solipsismus vertreten oder die Erkenntnisfähigkeit des Menschen grundsätzlich in Frage stellen zu wollen, läßt sich das Axiom einer vom erkennenden journalistischen Bewußtsein unabhängigen Realität wissenssoziologisch nicht aufrechterhalten. Nachrichtenmedien sind an der ›gesellschaftlichen Konstruktion der Wirklichkeit‹ (Berger/Luckmann 1966) dialektisch beteiligt, da sie als Teil der Wirklichkeit auf diese zurückwirken: zum einen konstruieren Nachrichtenmedien mittelbar gesellschaftliche Wirklichkeit über das Bewußtsein ihrer Rezipienten, zum anderen wirken sie unmittelbar beim ›Erkenntnisvollzug‹ über die Wirklichkeit zurück.« (Lange 1981, S. 50) Es sei wie bei der Unschärferelation in der Physik. Auch wenn da Zweifel bleiben, es sei jedenfalls, was die Beweislage angeht, »forschungspraktisch unmöglich, das Universum gesellschaftlicher Ereignisse als extramediale Realität zu fixieren, um mediale Realitätskonstruktionen daran zu messen« (ebd., S. 51).

Träfe das zu, das könnte ja sein, so könnte jede Manipulation, sofern sie im Sinne ihrer Absicht nur erfolgreich ist, mit demselben Recht den Anspruch geltend machen, nichts anderes als ein

Stück Wirklichkeit zu sein. Träfe das zu, so wäre dem Versuch, Manipulation und Information überhaupt noch zu unterscheiden, nach Authentizität und Wahrhaftigkeit, Erfahrung und Surrogat überhaupt noch zu fragen, der Boden entzogen.

Die Medien wären in diesem Falle unzurechnungsfähig. Sie wären, wie das Kind oder der Debile, unfähig zur Schuld, jenseits aller Kritik. Freilich, auch das könnte ja sein. Mit dem Anspruch auf Kontrolle und Kritik erübrigte sich allerdings auch der auf Mündigkeit. Wenn alles nur gemacht ist, ist ein Machwerk als Wirklichkeit so gut wie das andere. Einschließlich des Ober-Machwerks, von dem der Naive glaubt, es sei die Wirklichkeit. In der Nacht des Pankonstruktivismus sind alle Katzen grau.

Indessen, dieser vermeintlich wissenssoziologische Jagdschein ist dem Urheber der Medienfiktion zu hastig ausgefertigt. Der Vorgang beruht auf einem Mißverständnis und zwei kleinen Verwechslungen – mit großen Folgen.

Die eine Verwechslung liegt auf der Hand. Es ist ja wahr, Medienbilder werden wie Prophezeiungen, die sich selbst erfüllen, häufig genug eben dadurch soziale Wirklichkeit und daher dann wirklich deren authentisches Bild, daß sie in einem initiativen Schritt in die soziale Welt eintreten. Das ist aber kein Beweis dafür, daß es primäre Wirklichkeit von nun an überhaupt nicht mehr gäbe. Es gibt soziale Wirklichkeit, deren Bestand und Hergang von den Bildern unangetastet bleibt, die sich die Medien von ihnen machen. Es ist ja nicht so, daß durch die Verbreitung des Imitationszwanges alle soziale Realität sich sogleich in Nichts auflöste. Und es ist auch nicht so, daß die Magie der Medien den Zugang zur primären Wirklichkeit auch für den ausweglos verbaute, der sich ihn auf eigene Rechnung mit Nachdruck verschaffen will. Was etwa die Gesundheitsreform, die Rentengesetzgebung oder die Verschmutzung des Rheins, die Menschenrechtspolitik der CDU oder das Verhältnis von SPD und Gewerkschaften angeht, das läßt sich, wenn man es will, genau ermitteln, unabhängig davon, welchen Anschein die Medien davon vermitteln. An diesem Tatbestand können wir noch immer, wenn wir es darauf anlegen, die Bilder messen, die uns die Medien liefern.

Es ist schwer und mühsam geworden, die Sachverhalte zu klären. Aber die Fakten haben sich im Medienschein nicht aufgelöst. Die Differenz zwischen Schein und Welt ist schwerer zu durchdringen denn je, und die Motive, den Schein zu durchdringen, drängen sich kraft seiner suggestiven Plausiblität nicht auf. Es geht also bei der Hegemonie des Medienscheins nicht um soziale Ontologie. Es geht um die Individualökonomie von Zeit und Nutzen.

Die mit imposantem Theorieaufwand gepanzerte Behauptung des Gegenteils ist nicht Wissenssoziologie. Sie ist vorschnelle Ideologie des Nicht-Wissenkönnens.

Die zweite Verwechslung in dieser hermetischen These liegt auch auf der Hand. Es ist wahr, erst in der Gewichtung berichteter und in der Selektion berichtenswerter Ereignisse entsteht aus dem grenzenlosen Chaos der Abläufe und Möglichkeiten im Makro-Bild der Medien von der Welt eine erfahrbare Welt für uns. Unabhängig von diesen Gewichtungen und Selektionen wäre die vermeintliche Welt an sich als Makro-Welt keine, die wir erfahren könnten. Einen anderen Zugang zur Welt im ganzen als den durch die Medien haben wir nicht. Auch nicht, wenn wir ihn hartnäckig und aufwendig suchten. Das ist keine Frage der Zeitökonomie.

Darum sind wir ihm doch nicht schutzlos ausgeliefert. Das Großbild läßt sich im ganzen und in vielen seiner Teile an den Mikro-Bildern von der Welt messen, die wir selbst doppelt erfahren, als Teilnehmer der Ereignisse und als Medienkonsumenten. Wer zum Beispiel gelegentlich längeren Debatten selbst beiwohnte, bevor er dann die Fernseh- oder Zeitungsausschnitte über sie sah, wer selber einige Zeit in Tansania, Indien oder Niederschelden lebte, in einer Partei, Bürgerinitiative oder Hausbesetzergruppe mitgemacht hat und gleichzeitig die gewöhnlichen Medienbilder von ihnen empfing, lebt nie mehr ganz in der Welt, die in den Medien entsteht. Er sieht sie fortan wie durch ein Prisma, in das eine persönliche Gleichung erfahrener Differenz eingelassen ist.

Es gibt keine hermetische Identität zwischen Medienwelt und sozialer Lebenswelt. Die Differenz zwischen beiden bleibt prinzipiell, und sie bleibt erfahrbar. Es ist eine ganz andere Sache, daß wir die soziale Welt immer nur so haben können, wie sie uns als gesellschaftliche Konstruktion zugänglich ist. Sie ist wandelbar, aber als soziale Welt hermetisch. Es gibt auch in der gesellschaftlichen Selbsterfahrung kein Ding an sich – außer vielleicht das Medium selbst. Daß uns selbst die Natur stets nur so erscheint, wie wir sie aus dem sozialen Blickwinkel unserer Lebenswelt entwerfen, heißt noch lange nicht, daß eine Konstruktion der Welt in den Medien so gut ist wie die andere, und es heißt auch nicht, daß die Konstruktion der Welt in den Medien und die soziale Konstruktion der Wirklichkeit einerlei sind, weil es sich bei beiden um soziale Konstruktion handelt.

Alltägliche Welterfahrung bleibt auch als Erfahrung über die Medien möglich. Sie gestattet die Korrektur oder Widerlegung der Medienkonstruktionen anhand der Konstruktionen, die unsere alltägliche Lebenswelt sind. Das ist die wirkliche Erkenntnis der Wissenssoziologie. Statt solche Differenzen unter dem weiten Mantel des Begriffs sozialer Konstruktion für immer verschwinden zu lassen, schärft sie vielmehr den Blick für ihren ontologischen Rang. Sie beruht auf einer Schlüsseltheorie der Alltagserfahrung. Diese beschreibt, warum die scharfe Trennung des sozialontologischen Status und der individuellen Erfahrungsweise disparater Wirklichkeiten gerade die Bedingung gesellschaftlichen Lebens ist.

»Ich bin mir der Welt als einer Vielzahl von Möglichkeiten bewußt. Unter den vielen Wirklichkeiten gibt es eine, die sich als Wirklichkeit par excellence darstellt. Das ist die Wirklichkeit der Alltagswelt. Ihre Vorrangstellung berechtigt dazu, sie als die oberste Wirklichkeit zu bezeichnen. In der Alltagswelt ist die Anspannung des Bewußtseins am stärksten, das heißt, die Alltagswelt installiert sich im Bewußtsein in der massivsten, aufdringlichsten, intensivsten Weise.

Hier entsteht Sprache als Koordinationssystem meines Lebens in der Gesellschaft und füllt sie mit sinnhaltigen Objekten. Die Wirklichkeit der Alltagswelt ist um das ›Hier‹ meines Körpers und das ›Jetzt‹ meiner Gegenwart herum angeordnet. Dieses ›Hier‹ und ›Jetzt‹ ist der Punkt, von dem aus ich die Welt wahrnehme. Was ›Hier‹ und ›Jetzt‹ mir in der Alltagswelt vergegenwärtigen, das ist das ›Realissimum‹ meines Bewußtseins.

Die Wirklichkeit des Alltags stellt sich mir ferner als eine intersubjektive Welt dar, die ich mit anderen teile. Ihre Intersubjektivität trennt die Alltagswelt scharf von anderen Wirklichkeiten, deren ich mir bewußt bin.« (Berger/Luckmann, S. 24 f.)

Diesen sozialontologischen Rang als oberste Wirklichkeit hat die Alltagswelt nicht von ungefähr. Wären alle sozialen Teilwirklichkeiten gleich wirklich, so lösten sich die Identität des Einzelnen und der Zusammenhang der Gesellschaft im orientierungslosen Hin und Her zwischen Traum, Alltag, Phantasie, Theater,

Spiel rasch auf. Er könnte ja seine Phantasie oder das Spiel zur Basis der übrigen Erfahrung machen.

Alle anderen Wirklichkeiten, die Erfahrungen eigenen Rechts und höchster Bedeutung sein mögen, aber in jeweils eigener Funktion für das Weltverständnis, sind wirklich nur als umgrenzte Sinnprovinzen. Sie sind Enklaven inmitten der obersten Wirklichkeit der Alltagswelt. Sie empfangen ihren Sinn für die Lebensorientierung des einzelnen erst durch ihr Verhältnis zu Sprache und Weltverständnis des Alltags. Sie weist ihnen Rang, Platz und Rolle zu.

Kunst, Religion, Wissenschaft sind solche Enklaven, aber auch Traum, Phantasie, Spiel. Die Erfahrungen in diesen Enklaven haben vielleicht ausschlaggebende Bedeutung für die Alltagswelt. Aber nur als radikal von ihr geschiedene Wirklichkeit. Der Übergang zwischen ihnen und dem Alltag ist immer ein Bruch. »Mir wird der Übergang nach Art eines Schocks bewußt. Für die Anpassung des Bewußtseins findet eine radikale Neueinstellung statt. Das Theater ist das Symbol dieses Vorgangs. Der Übergang von einer Wirklichkeit in die andere wird durch das Auf- und Niedergehen des Vorhangs markiert. Wenn der Vorhang aufgeht, wird der Zuschauer ›in eine andere Welt versetzt‹, eine Welt eigener Sinneinheit und eigener Gesetze, die noch etwas oder auch gar nichts mehr mit den Ordnungen in der Alltagswelt zu tun haben können.« (Ebd., S. 28, 24)

Die Rolle einer obersten Wirklichkeit, die als soziale Welt die anderen Wirklichkeiten zugleich realisiert und relativiert, hat die Alltagswelt freilich nicht darum, weil es so zweckmäßig ist. Sie gewinnt sie erst aus der Kommunikationsform, in der sie entsteht. Sie allein ist die soziale Welt, die aus der fortgesetzten Abfolge und Wiederholung unvermittelter Gesprächs- und Handlungserfahrungen hervorgeht. Erst die unvermeidliche Gegenseitigkeit typischer vis-à-vis-Situationen erzeugt durch den Nachdruck und die Unentrinnbarkeit ihrer physischen Präsenz jene unbedingte Gemeinsamkeit der Auffassungen, die eine soziale Welt ist. Was Bestand haben will an Sichtweisen und Institutionen, muß sich auf diesem Terrain behaupten. Was sich ändern soll, muß sich auf ihm Gefolgschaft sichern.

Das Fernsehen ist kein beeindruckbarer Mitspieler in den Vis-à-vis-Situationen, die der Alltag sind. Es ist kein Subjekt der sozialen Lebenswelt. Es tritt in ihr statt dessen unvermittelt als listig-hinterlistiger Ausputzer auf. Es schlüpft unbemerkt in die trügerische Doppelrolle, zugleich scheinbar mitzuspielen und hinterrücks die Regie über das ganze Geschehen zu führen.

In Wirklichkeit nur eine phantastische Teilprovinz der sozialen Welt, dringt es, vermöge seiner technischen Form für das bloße Auge kaum sichtbar, in die Alltagswelt ein, als wäre es das beste Stück von ihr. Der Vorgang gleicht dem der Aidsinfektion. Das fremde Gift tritt in das Immunsystem unseres Körpers ein, als gehöre es dazu, nur um es tödlich zu lähmen. So verhüllen die technischen Pfade der Invasion den Charakter des Fernsehens als eigener symbolischer Provinz und schmuggeln seine Produkte in die Alltagswelt ein, als gehörten sie unanfechtbar zu deren Interieur.

Harry Pross hat den nächtlichen Grenzwechsel hell ausgeleuchtet. »Jeder andere technische Symbolträger muß seinerseits transportiert werden, um da zu sein, auch das Buch und die Zeitung.« Nur beim Fernsehen »verbindet das Empfangsgerät als ein Stück Mobiliar innen und außen auf unvergleichliche Weise« (a. a. O., S. 123). »Der Kasten steht in der vertrauten Symbolumwelt, macht einen ihrer Bestandteile aus. Die Symbolismen zu entbinden, braucht es nur eines Druckes auf den Knopf, ein Vorgang ohne Fremdheit und im zweiten Drittel des 20. Jahrhunderts in den Industrieländern schon von Kinderbeinen an eingeübt.« (Ebd., S. 124)

Die Wirklichkeiten verschwimmen. »Was ›mein Fernseher‹ oder ›mein Radio‹ gesagt hat, hat es innen gesagt, nicht außen, und der naiven Vorstellung erscheint die vermittelte Symbolik wie ein ›Schaufenster zur Welt‹ – der Empfänger bildet sich ein, hinaus zu blicken. In Wahrheit wird er von außen befunkt.« (Ebd.)

Das Fernsehen erscheint gleichzeitig als Teil der Alltagswelt und als Guckloch zum Universum, und ist es doch beides nicht. Was es wirklich ist, verrät es von sich aus nicht. Aus diesem listigen Mummenschanz den resignierenden Schluß zu ziehen, es sei als Teil der sozialen Konstruktion der Wirklichkeit nichts, das sich ihr überhaupt noch kontrastieren ließe, ist nicht Wissenssoziologie. Es vermehrt weder unser Wissen über die Gesellschaft noch über die gesellschaftlichen Bedingungen unseres Wissenkönnens. Es fügt nur dem Alltagstrug der Fernsehwelt eine wissenschaftliche Echtheitsbescheinigung hinzu, zu der kein Anlaß besteht.

Der zweite Verlust der Aura

Walter Benjamin schrieb, lange bevor das Fernsehen in unsere Wohnzimmer einzog, seinen ungebrochen einflußreichen Essay über das Kunstwerk im Zeitalter seiner technischen Reproduzierbarkeit. Ihm ging es um den Bedeutungswandel von Kunst und Werk im Zeitalter von Fotografie und Film. Das Kunstwerk verliert seine Aura der Besonderheit und Einmaligkeit, seine eigentümliche Magie in dem Augenblick, wo die Vervielfältigung es aus dem unwiederholbaren Zusammenhang seines Hier und Jetzt ablöst. Es wird zur überall und jederzeit verfügbaren Ware.

Der von Benjamin geprägte Begriff der Aura bezieht sich auf die Einmaligkeit, die ihren unübertragbaren Sinn aus einem religiösen oder profanen Kultzusammenhang bezieht, in den das Kunstwerk an dem Ort, dem es zugehört, eingelassen ist. Diese, der ursprünglich religiös-kultischen Handhabung der Kunstobjekte entstammende Aura geht, das war Benjamins Befund, in dem Augenblick unwiederbringlich verloren, wo technische Reproduzierbarkeit auswechselbare, kontextlose, überall verfügbare Bilder, Abziehbilder ohne Grenzen herstellt, verteilt und in beliebige Zusammenhänge mischt.

Erst die ununterscheidbar in den Alltagsverrichtungen aufgehende Realität der Fernsehwelt heute läßt uns erkennen, daß die technische Reproduzierbarkeit allein die Aura des gemachten Bildes keineswegs gänzlich ausgelöscht hatte.

Aura des profanen oder religiösen Kunstwerkes bedeutete ja nicht nur Teilhabe. Sie setzte Distanz voraus und schuf sie. Zwischen die alltägliche Lebenswelt und die Bilder, die sich Menschen von ihr oder von anderen Welten machten, schob sich die Aura als eine Schwelle, die den Zusammenhang zwischen beiden rituell unterbrach. Die Überschreitung dieser Schwelle, ob beim Betreten des Kultplatzes, des Tempels oder des Museums, veränderte den Aggregatzustand der Wahrnehmung und der Empfindung. Es durfte und konnte nicht übersehen werden, daß es von diesem Augenblick an nicht mehr um die Wahrnehmung der Welt, sondern vielmehr ihrer Deutung ging.

Aura war nicht nur ein Attribut des einzigartigen Kunstwerkes. Sie war ebenso ein abgehobener Aggregatzustand der Wahrnehmung. Ein Rest von Aura in diesem Sinne, wie immer ausgedünnt und flüchtig, haftet auch noch am reproduzierten Kunstwerk und

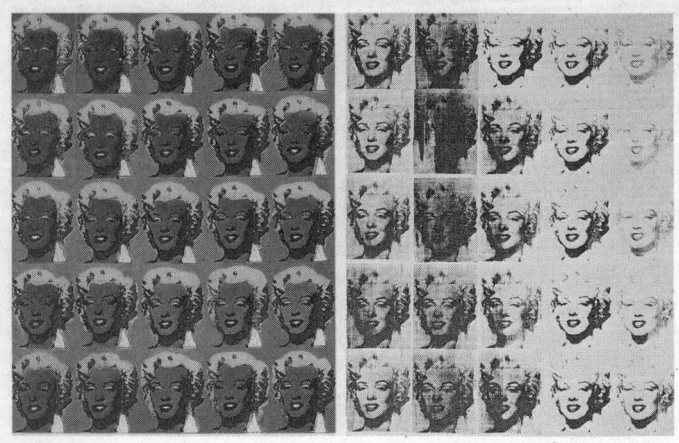

Bilder aus der Spätmoderne: Marilyn Monroe, Andy Warhol

vor allem am Kinofilm. Gewiß bildet sie keinen unverwechsel-
baren Zusammenhang mehr mit sinngebenden Kultpraktiken, die
invariant an besondere Orte, Zeiten und Rituale geknüpft sind.
Dennoch präsentieren sie sich uns auf eine Art und Weise, die
eine unvermittelte Kontinuität mit der alltäglichen Welterfahrung
in der Wahrnehmung nicht zuläßt. Theater, Kino, Ausstellungen
erfahren wir nach Zugang, Erlebnisweise und Kontext unmißverständlich nicht als Welt, sondern als Darstellungen oder Deutungen von Welt. Vorbereitungen, Kleidung, Ortswechsel, Karten-
kauf, die Gegenwärtigkeit der Gemeinschaft mit den anderen
unterbrechen den Alltag, ändern die Stimmung. Sie signalisieren
Verstand und Sinnen, daß es nun um etwas anderes geht als die
fortgesetzte Wahrnehmung der laufenden Ereignisse. Nun geht es
um eine andere Erfahrung der Welt oder die Erfahrung einer anderen Welt.

Aura ist das Bewußtsein einer Metasituation, die nicht die Situationen des Lebens bloß ergänzt, sondern ihrerseits zum Gegenstand der Betrachtung macht. Sie belehrt Verstand und Sinne
unmißverständlich, daß nun ein anderer Regisseur die Bilder
schafft und daß Regie am Werke ist.

Kein Zweifel, die Erfahrung in Religion und Kunst hat als Er-

Bildergalerie, M. C. Escher, 1956

fahrung in der profanen Welt für diese höchste Bedeutung. Aber nur als kategorisch von ihr geschiedene. Sie bietet Muster der Deutung, Raster der Strukturierung, Perspektiven der Distanzierung, Zeichen der Tröstung. Eine Erfahrung der Welt im ganzen ist sie, weil sie nicht bloß Welterfahrung ist.

Diese Aura der Unterbrechung alltäglicher Welterfahrung teilen selbst noch die technisch reproduzierten Kunstwerke in Museen, Ausstellungen, Bildbänden, Kinos. Sie geht erst mit dem Einzug des Fernsehens ins Wohnzimmer gänzlich verloren.

Dieser Vorgang hat, nach allem, was wir wissen, den entscheidensten Beitrag zum Verschwinden der Wirklichkeit geleistet. Die Verkehrung des Verhältnisses von gegebener Welt und gemachtem Bild, die Inszenierung des Scheins als Welt ist nur möglich, wo sich

Alltagserfahrung und die Erfahrung der gemachten Bilderwelt allmählich verschränken.

Erst das Fernsehen im Wohn- und vielmehr noch im Kinderzimmer ebnet die Wahrnehmungsweise der gegebenen und der gemachten Bilder vollends ein. Jetzt ist das Fernsehen, das am Anfang bloß als fünfte Wand erschien, längst zum Mitglied der Familie geworden. Die Verwischung geschieht häufig mit solchem Nachdruck, daß Differenzen in der Wahrnehmung zwischen Abbild und Bild spontan der Wirklichkeit und nicht dem Medium angelastet werden. Das meinte jener Junge aus dem Sauerland, der den leibhaftigen Kohl verglichen mit dem Fernseh-Kohl irgendwie unwirklich fand.

Jerry Mander hat diesen sozusagen ontologischen Verwischungseffekt in seinem durch und durch ernst gemeinten Plädoyer *Schafft das Fernsehen ab* geschildert und belegt. Die physiologischen und photobiologischen Befunde, die er ins Feld führt, mögen in diesem Zusammenhang außer Betracht bleiben, so wichtig sie auch für eine Theorie des Sehens sind.

»Ein Kind, das fernsieht, verfügt über keine angeborene Unterscheidungsfähigkeit zwischen ›wirklich‹ und ›nicht wirklich‹. Wenn das Bild erst einmal im Kasten und dann im Bewußtsein des Kindes ist, ohne daß es je konkret existiert hätte, gibt es kein funktionierendes Unterscheidungskriterium mehr. Alle diese Bilder sind gleich wirklich, und das Kind hat völlig recht. Bilder sind Bilder und damit basta. Es gibt Hunderte von Untersuchungen, die zeigen, daß es den Erwachsenen auch kaum leichter fällt als Kindern, Fernsehen und Leben auseinanderzuhalten.« (Mander, S. 217f.)

Briefe an die Adresse der Doktoren, Anwälte, Pfarrer aus Fernsehspielserien gerichtet, in denen erwachsene Zuschauer um Lebenshilfe bitten, sind der groteske Beleg. Sie sind keine Irrläufer desorientierter Einzelner. Zuhauf gehen sie nach den Sendungen ein.

Fernsehbilder profitieren von der Millionen Jahre alten genetischen Prägung, alle Bilder als wirklich zu akzeptieren. Sie profitieren von der Dominanz der Sinneswahrnehmung über die Erwägungen des Verstandes, was Authentizität, Unmittelbarkeit, Verläßlichkeit der Sicht der Welt betrifft.

Mander läßt sich in seinen Schlußfolgerungen von seiner romantisch-naturalistischen Prämisse in die Enge führen. Seiner

Fernsehkritik liegt eine fundamentale Kulturkritik zugrunde, die meint, genuine Wirklichkeit sei allein die von Menschenhand unberührte Natur. Alles andere, also zu Ende gedacht die Zivilisation selber, sei Willkür und Verfälschung. Die primäre Form der Erfahrung, die menschengemäße Wahrnehmung von Wirklichkeit, finde sich nur im direkten Kontakt zwischen Erde und Mensch. Schon die Wahrnehmung der kulturellen Kunstwelt von Technik, Stadtleben und Warenwelt sei eine trügerische Erfahrung des Unwirklichen als Wirklichkeit. Die Wiederherstellung der Aura genuiner Welterfahrung, für die er plädiert, verlangte also bei Licht besehen nicht nur die Abschaffung des Fernsehens. Darüber ließe sich immerhin reden. Sie käme zu ihrem Recht erst in einer Welt ohne Kunst und ohne Städte. Darüber lohnt sich keine Debatte.

Manders Befunde sind indessen von seinen kulturkritischen Prämissen unabhängig. Die romantische Verengung des Aurabegriffs von Benjamin muß nicht mitvollziehen, wer diesen auf die fernsehkritischen Einsichten Manders neu beziehen will.

Die ontologische Verwischung der Wirklichkeitsebenen, nicht *im*, sondern *durch* Fernsehen, geschieht nicht im Fernsehen selbst. Sie resultiert erst aus dem Zusammenwirken zweier nicht notwendig verbundener Faktoren. Der Übermacht des Bildes über den Verstand als Beglaubigungsinstanz von Wirklichkeit. *Und* der Auflösung des letzten Restes von Aura des Abbildes durch den im Wohnzimmer leicht zu erschleichenden Anschein, sie seien eine Art Primärerfahrung der Welt. Erst das Familienmitglied Fernsehen erzeugt den Verwischungseffekt, nicht die bloßen Bilder.

Erst die Kombination des sozialen Tatbestandes mit dem kognitiven bewirkt die von Mander, Postman, Marie Winn und vielen Nachfolgern beschriebene ontologische Konfusion und Diskursverformung der Wirklichkeitswahrnehmung in den Fernsehgesellschaften. Es liegt nicht am Fernsehen allein, auch wenn viel an ihm liegt. Es liegt an der sozialen Erfahrungsweise, wie *wir* seine Bilder empfangen und was wir aus ihnen machen.

Die Fragwürdigkeit einer sozialen Wahrnehmungssituation, die systematische Chancen der Distanzierung vom gemachten Bild von sich aus nicht bietet, kann kaum durch Appelle an das Gewissen ihrer Produzenten überwunden werden. Sie verlangt eine Veränderung der Wahrnehmungsweise. Es wäre ein schwaches Stück Moralismus und ein starkes Stück technischer Ignoranz, wollten wir das techno-soziale System Fernsehen rationalisieren, indem wir Appelle zur Wahrhaftigkeit an jene richten, die davon leben, seine Möglichkeiten auszureizen.

Das ist kein Technikfatalismus. Manders Plädoyer, Autonomie und Demokratie ernster zu nehmen als unsere technischen Hervorbringungen, das Fernsehen also abzuschaffen, scheitert nicht an der präzedenzlosen Kühnheit seiner Forderung, sondern an der illusionären Romantik seines Wirklichkeitsverständnisses. Auch das Fernsehen wie alle anderen großtechnischen Systeme müßte zur Disposition demokratischer Entscheidung stehen, wenn wir die Abdankungsurkunde der Demokratie nicht unterschreiben wollen. Darum aber geht es im Fall Fernsehen eben gerade nicht.

Der Ruf nach »Authentizität« ist kein Weg aus dem Dilemma. Er führt nur tiefer hinein. In seiner kritischen Analyse *Die Welt als Medieninszenierung* verlangt Hans Thomas größere »Authentizität« der Fernsehproduktionen. Wahrhaftigkeit, der Anspruch, den wir in unseren Diskursen erheben, so lautet sein Argument, kann nicht die Tugend eines Mediums sein, dessen Natur das Auswählen, Zusammenfassen, Darstellen ist. Eine Authentizität der Wirklichkeitsnähe sei zu fordern. Auch wenn sie nicht davor gefeit sei, in den Dienst der Unwahrheit zu treten.

Authentisch sind ja die Bilder des Fernsehens immer schon von Hause aus. Nicht erst, weil das zum professionellen Standard gehört, der kaum einmal unterschritten wird. Vielmehr schon deshalb, weil Fernsehen selber die Quelle der Primärerfahrung ist. So ist es nicht der Prüfling, der gemessen wird, sondern der Maßstab, der mißt. Fernsehen bestimmt selber, was uns als Wirklichkeit gilt.

Im Kreislauf des Bildes, das in der Ontologie der Gegenwart an die Stelle des Bild-Abbild-Verhältnisses früherer Zeiten zu treten scheint, ist der Archimedische Punkt nicht auszumachen. Eine Hand malt die andere, die die andere malt.

Der Verlust der Unmittelbarkeit

Die Erfahrung der Welt war niemals unvermittelt. Berichte, Überlieferungen, Deutungen haben das Bild von der ganzen Welt zu allen Zeiten so geprägt, daß dem einzelnen direkter Zugang immer nur zu einem Bruchteil seiner Quellen möglich war. Auch in die Lebenswelt des Alltags, die sich Sinnen und Verstand unmittelbar erschloß, ragten Bestände der Überlieferung hinein, deren Verständnis professionelle Deutungskunst verlangte. Die Aufnahme der traditionellen Sinnmuster vorausgesetzt, erschloß sich die Alltagswelt noch vor kurzem Sinn und Verstand ohne systematische Dauervermittlung.

Das hat sich im Verlaufe dieses Jahrhunderts rasch und in selbstbeschleunigender Weise radikal verändert. Es sind vor allem vier einander ebenso verstärkende wie bedingende Prozesse, die den fundamentalen Wandel herbeigeführt haben. Im Ergebnis geht es nicht nur, wie Ulrich Beck gezeigt hat, um die »Enteignung der Sinne«, es geht um die Enteignung von Sinnen und Verstand. An ihre Stelle sind einerseits die Medien und andererseits die wissenschaftliche Dauerexpertise getreten, ohne die eine Beurteilung dessen, wovon die Medien berichten, in vielen Bereichen kaum einem noch möglich wäre.

Die reale Vergesellschaftung der Welt durch Handel, Arbeitsteilung, die Wirkung der Kriege und die Anfänge der globalen Informationstechnik haben seit dem Beginn dieses Jahrhunderts immer rascher und umfassender in den Industriezivilisationen die ganze Welt in den Gesichtskreis des einzelnen gezogen, von der er prinzipiell nur Kunde über hochselektive Massenmedien erlangen kann. Er weiß, daß ihn Ereignisse in den entlegensten Winkeln der Erde plötzlich auf Leben und Tod angehen können, und er kann sich doch kein eigenes Bild von ihnen machen. Während die Medien auf die reale Vergesellschaftung der Welt reagieren, erweitern sie zugleich die erfahrbare Welt mit der Reichweite und der Dichte ihres Netzes täglicher Information. Der einzelne weiß, daß die Welt ihn als ganze virtuell zuletzt betrifft, und er weiß, daß sie sich dem Zugriff seiner Mittel prinzipiell entzieht. Er ist auf Gedeih und Verderb auf die Bilder, Nachrichten und Zuordnungen angewiesen, die andere ihm zuliefern.

Die Industriezivilisation wird immer komplexer. Ihr Mangel an Information über sich selbst wächst und die Chance des Einblicks aus dem einen Subsystem ins andere, an Eigenerfahrung der Gesellschaft schrumpft. Je komplexer die soziale Welt, um so geringer die Möglichkeit bei den einzelnen, sie mit den eigenen Sinnen erfahren und mit dem eigenen Verstand beurteilen zu können.Die Massenmedien nehmen gleichsam als Wahrnehmungsprothesen die Stellung ein, die Sinne und Verstand im Zuge der Enteignung ihrer ursprünglichen Aufgaben räumen mußten.

Komplexität bedeutet ja auch einen Zuwachs der Hinsichten, in denen jedes Subsystem jedes andere beeinflussen und damit jeden einzelnen tangieren kann. Die Schere öffnet sich fatal. Während der einzelne mit immer mehr und immer schwerer zu kontrollierenden Einflüssen und Überraschungen rechnen muß, die ihn unmittelbar betreffen, schwindet seine Chance ihrer unmittelbaren Erfahrbarkeit drastisch. Er gewinnt seine Information nur noch über Dritte. Die Massenmedien vermitteln ihm das Bild seiner sozialen Welt, die ihn unmittelbar angeht. Er muß ihnen in letzter Instanz unmittelbar vertrauen.

Die Enteignung der Sinne betrifft die Erfahrung der Welt, die den einzelnen unbedingt angeht. Die Enteignung des Verstandes betrifft seine Fähigkeit zum Urteil über die Fakten, die ihn angehen.

Ulrich Beck hat gezeigt, daß die technischen Risiken in den modernen Industriezivilisationen allgegenwärtig werden, während die Fähigkeit des einzelnen, zu beurteilen, was ein unerträgliches Risiko für sein Leben und seine Gesundheit ist und was noch erträglich, zu Null tendiert. Er erfährt, was er weiß, aus den Medien, und was er darüber denken soll, von den Experten.

Im Maße wie Tradition virtualisiert wird, ein Orientierungsangebot, das übernommen oder verworfen werden kann, werden auch Alltag und Lebenswelt unsicher. Was soll ich essen? Welche Bewegung wirkt und welche schadet meinem Körper? Wie soll ich mein Kind erziehen? Wie soll ich mit meinen Beziehungskonflikten umgehen? Wie bewerbe ich mich richtig? Woran kann ich glauben? Und so weiter und so fort. Alles Fragen, zu denen Experten in Funk, Zeitschriften und Sachbüchern konkurrierende Expertisen feilbieten, auf die sich einlassen muß, wer nicht mehr über die Selbstgewißheit fragloser Überlieferung verfügt. Zwar trifft mit aller verbleibenden Unsicherheit am Ende doch der einzelne die Wahl aus allen Expertiseangeboten, aber nicht mehr unmittelbar.

Die Virtualisierung des Verbindlichen

Die inszenierten Bilder und Rituale hätten weniger Macht über die Wirklichkeit, hätte diese noch einen Vorrat an Gewißheit über sich selbst. Rilke führte im *Stundenbuch* eine moderne Dialektik von Bild und Welt vor. Die Moderne ist eine Welt aus Flüchtigkeit, die wie ein Trug die Menschen täglich narrt. Gier und Süchte sollen sie aus der Ungewißheit der Zustände erlösen und führen nur immer tiefer in sie zurück. Sie können nicht mehr sie selber sein – »Nicht wie die Reichen alter Handelsstädte, die ihre Wirklichkeit mit Bildern ohnegleichen übertrafen und ihre Bilder wieder mit der Zeit.«

Das war die vormoderne Wirklichkeit festgefügter sozialer Ordnung, die erst in der Gegenwart vollends verfällt. Tradition galt ungefragt. Jeglicher hatte seinen zugewiesenen Platz und an ihm seinen vorbezeichneten Weg. Beide waren Element einer objektiven Ordnung der Dinge, die nicht nur Freiheit verweigerte und Entwicklung lähmte. So wie sie waren, galten sie als naturgleiche Realität, die unwiderruflich in sich ruhte und in der Art, wie sie das war, zugleich als ihr eigener, unübersteigbarer Sinn und Maßstab wirkte. Der eine Lebensweg, der jedermann vorgezeichnet war, und in ihm die Riten und Normen des Alltags- und Feiertagslebens, waren keinen Deut weniger ewige unveränderliche Realität wie die Jahreszeiten und die Umlaufbahn der Gestirne oder der Zyklus von Leben und Tod. Das Leben war eindeutig und fest begründet. Sicherheit, Verbindlichkeit und Sinn waren eins.

Was sich als Bild behaupten wollte, mußte Abbild dieser Welt sein. Das schloß die Spiegelung der metaphysischen Vorstellungen nicht aus. Schienen diese doch in der göttlich gefügten Seinspyramide nicht weniger real als das, was das Auge sehen konnte und das Leben erfahren mußte. Das Bild konnte Wirklichkeit in dieser Welt nicht schaffen, wenn es auch die Vorstellung der anderen Welt ebenso wiedergab wie allererst schuf.

Bilder, die großen Gemälde vom Leben der Stände, wie die Portraits des großen Einzelnen der zum Abbild befugten Stände, bestätigten das Gewisse. Sie konnten aber zum Vorbild werden, sich dem ohnedies Gewissen noch ähnlicher zu machen. Das Bild mochte also, wie in Rilkes Vers, ein Medium sein, daß der einzelne noch wirklicher würde, in seiner selbstgewissen Wirklichkeit,

Wirklichkeit hervorbringen konnte es nicht. Das war ein linearer Zyklus von Bild und Welt. Die Schöpfung der Wirklichkeit durch das Bild war die Bestätigung der Wirklichkeit, wie sie ohne Bild sich ihrer selbst gewiß war. Konstrukt, Inszenierung waren all die gemalten Bilder stets auch. Aber nur in diesem linearen Sinne.

Die Wahrheit dieser Bilder lag in einer Art platonischem Realismus. Das ist es, was Rilke beschreibt. Das Bild überholt die Welt genau in dem Sinne, wie sie sich ihrer selbst gewiß war. Es näherte die Dinge der wirklichen Idee der Welt an, wie sie der gemeinsamen Vorstellung von dem, was die Welt wirklich war, ohne Spielräume für Deutungen entsprach. Ontologie, absolute, soziale Ordnung und Bildwirkung wirkten als selbstbestätigende Kausalkette, auch wenn die Ontologie eine Fiktion war. Sie strukturierte eine soziale Welt wie eine natürliche Ordnung der Dinge.

Diese Voraussetzungen sind im Prozeß der Modernisierung verlorengegangen. Tradition hat alle Verbindlichkeit verloren. Seit kurzem erst ist die Virtualisierung der sozialen Ordnungen in die alltägliche Lebenswelt selbst vorgedrungen. Nun erfährt jeder Einzelne, daß nicht nur die große soziale Ordnung und ihre Deutung, sondern auch die individuellen Lebensentwürfe Sache der Vereinbarung, Angelegenheit einer Wahl sind, die so oder auch ganz anders ausfallen kann. Der soziale Pluralismus ist prinzipiell geworden. Und mit ihm Ungewißheit und Unsicherheit. Der Doppelprozeß der generalisierten Ungewißheit und der generellen Offenheit jeder Sozialordnung und in ihr aller Lebensentwürfe hat die Instanz der Gewißheit aus der gegebenen Welt in das Individuum zurückverlagert. Welche der möglichen Ordnungen einer annimmt, liegt letztlich allein bei ihm. Gleichzeitig lösen sich jedoch die objektiven Voraussetzungen auf, stabile Strukturen und Deutungen, unter denen der Einzelne ein seiner selbst gewisses Ich werden könnte, das diese Wahl gelassen trifft. Eine fatale Dialektik der Schwächung der Realität und des modernen Ich ist in Gang gekommen. Sie hat eine Grundstimmung von Unsicherheit, andauernder Selbstreflexion und wahlloser werdenden Ausschau nach Orientierungshilfen von draußen zur Folge.

Aber selbst noch die kollektiv beglaubigten Ordnungen der Spätmoderne erheben gerade den Individualismus der Lebensformen zur Norm. Jeder einzelne Lebensentwurf, auf den einer sich im Bewußtsein der Offenheit und Ungewißheit einläßt, wird in Zweifel gezogen durch die anderen Wahlen, die ringsum von anderen Einzelnen getroffen werden. Nichts Verbindliches ist mehr vorgegeben. Mit der Verpflichtung verflüchtigt sich auch der Halt.

Im selben Wohnhaus in der Großstadt, der Kleinstadt, und mehr und mehr noch im entlegenen Dorf relativieren sich die Lebensstile, Moralen, Selbstinszenierungen und auf überschaubare Lebbarkeit hin befristet adoptierten Lebenswahrheiten vor aller Augen gegenseitig. Da ist nichts Festes, Gegebenes, in sich Bestehendes mehr. Jeder weiß, und alle spüren, daß das eine nicht weniger individueller Wahlakt ist wie das andere.

Solche moderne Pluralisierung der Lebensformen kann keine andere Gewißheit mehr aus sich schöpfen als die des existentiell gewordenen Wahlrechts. Konventionalität als Sozialontologie. Die Schwebe als Grundform sozialer Existenz.

Die Metaphysik der Beliebigkeit verändert das Verhältnis von Bild und Wirklichkeit in einem ontologischen Sinne. Wenn nun der Einzelne so lebt, wie die bewegten Bilder es ihm vorgelebt haben, wenn er so aussieht, wie sie es wollen, wenn er so handelt, spricht und empfindet, wie sie es zeigen, wer wollte dann noch sagen, was erst war, das Huhn oder das Ei. Oder der Designer.

Die Metaphysik der Beliebigkeit entzieht dem Abbildverständnis der Bilder allmählich den Boden. Was ohne Bilder wäre, ist so konventionell wie die Imitation der Bilder. Wer nicht das zwingendere Bild imitiert, imitiert doch nur die überkommene Konvention. Die scheinbare Eigenständigkeit gegenüber der vorbedachten Inszenierung erweist sich als die naivste Imitation. Sie ist die Imitation des ersten besten, das zufällig um uns war. Intelligenter, begründeter, wirklicher als Wahlakt, der weiß, daß er einer ist und seine Möglichkeiten ausschöpft, statt sie naiv, dumm oder uninformiert bloß zu verleugnen, scheint da schon die Imitation, die sich nicht verleugnet.

Ob nun mehr oder weniger bewußt oder in welcher Mischung auch immer, die inszenierten Bilder finden nichts Festes mehr, an dem sie sich erst zu bewähren hätten, außer der Bereitschaft, sie anzunehmen und zu imitieren. In diesem ontologischen Sinne ist das Bild im Zeitalter des existentiellen Pluralismus nichts Scheinbares mehr. Es ist keineswegs weniger real als die Verkörperung der anderen Bilder, die zeitweilig von vielen gelebt werden.

Unter diesen Umständen kann der Wahrheitswert des inszenierten Bildes nicht mehr in seiner Abbildfunktion gesucht werden. Er

Bildnis des Antonio Navagero,
Giovanni Battista Moroni, 1575

gründet sich allein noch in der Stimmigkeit der Kalkulation der
Inszenierung. Die Imitationswahrscheinlichkeit macht ein Bild
wahrer als seine Spiegelungsauthentizität vorübergehend gewähl-
ten Lebens.

Werbung schafft Leben. Filme schaffen Lebensgeschichten.
Heldenrituale schaffen Identität. Symbolische Gesten schaffen
Weltbilder. Es ist der Umschlag dieser Tendenz in Ontologie, was
die Beziehung von Bild und Wirklichkeit heute ausmacht. Dies ist

nicht kulturkritische Spekulation. Die empirische Medienwirkungsforschung, so eng ihr Blick auch ist, hat vielfach dargetan, wie massiv und detailscharf die Lebenshilfefunktion der Fernsehbilder ist.

Kein Zweifel, die schwebende Dialektik von Bild und Welt kann nicht gänzlich bodenlos sein, solange es Menschen sind, die von den Bildern geschaffen werden. Das biologische Substrat, das anthropologische Sinnbedürfnis, die soziale Gemeinschaftserfahrung ließen sich durch keine Inszenierung überspringen, die auf reale Imitation hoffen darf. Das Dschungelbuch, die reine Heldenlegende, der Rambomythos und Ghandipictures mögen erbauen, amüsieren, hinan- oder herabziehen, Wirklichkeit schaffen sie nicht. Absolut kann die Schöpferkraft der inszenierten Bilder nicht sein. Es gibt eine Grenze. Sie liegt nicht in der gelebten Wirklichkeit. Das anthropologische Substrat, in dem sie angesiedelt ist, ist weit und weich und offen. Das wissen die Regisseure der Inszenierung am besten. Es ist so weit und weich und offen, daß der Kunst der Inszenierung in der Praxis kaum Grenzen gesetzt sind.

Waren die Bilder gestern abend so realistisch, weil viele Leute so sind? Oder sind die Leute so, weil die Bilder vorgestern so waren? Diese Frage muß heute im besten Falle offen bleiben.

Die Vollendung der sozialen Offenheit, die Virtualisierung aller Traditionen, Ordnungen und Verbindlichkeiten ist das soziale Substrat des Bilderkreislaufs. Das soziale Medium, auf das die inszenierten Bilder heute stoßen, ist weich wie Wachs.

Wo aber das Bild die Seite wechselt, vom Zweiten zum Ersten wird, vom Abbild zum ens realissimum, wird Inszenierung zur eigentlichen Wirklichkeit, wo sie sich auf ihr Handwerk versteht.

Verdrängungsgesellschaft

Nie war die Erfahrung gesellschaftlichen Lebens unwirklicher als heute. Das ist nicht nur so, weil die gemachten Bilder das Leben beherrschen. Realstes Leben, das sich der Macht der glatten Bilder nicht fügt, verschwindet aus unserem Gesichtskreis. Immer mehr von dem, was das Leben selber ausmacht, oder die Art, wie wir leben, bedingt, wird aus unserer Lebenswelt entfernt. Indem diese aber verschweigt, was sie ausmacht, voraussetzt und bewirkt, wird soziale Welterfahrung selber immer mehr zum Schein.

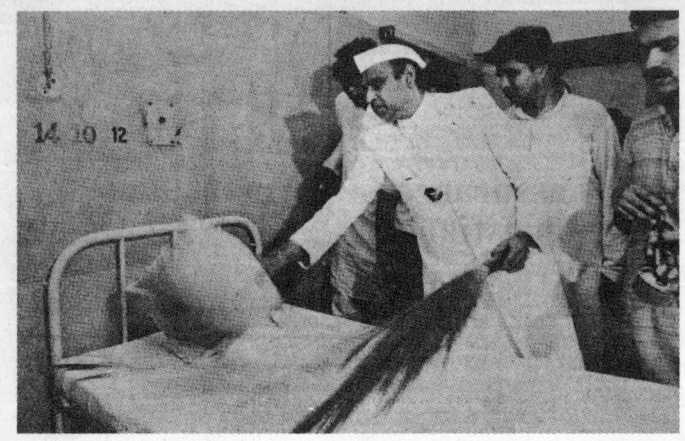

R. Masood, Staatsminister für Gesundheit, reinigt ein Bett während
des Krankenhausstreiks in New Delhi, August 1990

Das erfährt im Kontrast drastisch bis zur vorübergehenden physischen Unerträglichkeit, wer eine Weile in nicht vollends moder-
nisierten Gesellschaften lebt und sich deren Alltag nicht ver-
schließt. Dort ist überall sichtbar, was bei uns mit Sorgfalt den
Blicken entzogen wird.

Krüppel werden versteckt. Je grotesker die Abweichung von
den glatten Bildern, um so verborgener die Verstecke in Anstalten
fern unserer Wohn- und Lebensräume. Die Alten werden kaser-
niert und in ihre eigenen Ghettos verbracht. Den Tod gibt es nur
noch als abstrakte Nachricht und längst nicht mehr als sinnliche
Miterfahrung. Erst bei der Beerdigung, wo die Gesunden, Jungen,
Aktiven im schönen Schein wieder versammelt sind, spielt der Ge-
storbene, eher symbolisch, als wohldrapiertes Abstraktum, noch
einmal mit.

Krankheit und Pflege spielen sich anderswo ab. Es hatte schon
seine Richtigkeit in dieser Ordnung, daß Feriengäste vor ein paar
Jahren empört ihr Geld zurückhaben wollten, als eine Gruppe von
Krüppeln dasselbe Hotel bezog. Die reine Zumutung in der Ver-
drängungsgesellschaft.

Selbst noch die neue Armut, die aus der Massenarbeitslosigkeit
kommt und Millionen schlägt, wird vor den Augen der Nachbarn

sorgsam verborgen. Das Stigma träfe den Häßlichen, Armen, Dürftigen, Schwachen, ganz unabhängig davon, ob er selber die Regeln verweigert oder die Gesellschaft ihn am Mitspielen hindert. Was nicht ins schöne Bild paßt, hat keine eigenen Rechte mehr.

Wir kaufen Pelze, wir essen Fleisch. Was in den Tierhaltungen, auf den Schlachthöfen geschieht, weiß keiner mehr. Was in die Läden gelangt, ist hergerichtet und verpackt, als wäre es nie mit Leben erfüllt gewesen. Wir sehen es nicht, wir wissen es nicht. Lästige Mahner werden als Sonderlinge, nicht ganz auf der Höhe der Zeit, beiseite geschoben.

Eine Gesellschaft, die das Wesentliche der Erfahrung ihrer Glieder entzieht, erzeugt einen falschen Schein schon von sich selbst. Wo die den Einzelnen prägende Erfahrung schon immer eine Scheinwelt ist, von der doch jeder auch ohne die unterschlagenen Bilder weiß, wovon sie lebt, wird die Bereitschaft zur Hinnahme von Schein als Welt zum Normalfall der sozialen Welterfahrung.

Nicht erst im Bilderschein der Medien, schon in der Lebenswelt selbst erfahren wir nur noch eine zum angenehmen Bild verfälschte Gesellschaft. Auch darin kommt die soziale Welt ihrer eigenen Verdrängung durch die Inszenierung der Medien weit entgegen.

Das Verschwinden der Wirklichkeit.
Der Kreislauf der Bilder

Claus Offe hatte aus Anlaß der deutschen Präsentation der Analysen Edelmans davor gewarnt, das neue Pardigma eines im politischen Handeln laufend miterzeugten Stroms von Realitätsdeutungen und Relevanzmustern im Sinne der alten Priestertrugstheorien der frühen Aufklärung zu interpretieren. Als wäre die symbolische Funktion der Politik nicht eines ihrer objektiven Strukturmerkmale, sondern ein voluntaristischer Akt, der gelegentlich und willkürlich zum Zwecke der Öffentlichkeitstäuschung vollzogen wird. Er wies aber auch darauf hin, daß eine überkomplexe Welt, in der Bedrohung, Ängste und Ambivalenzen den Bedarf nach schlüssigen und harmonisierenden Symbolen steigen läßt und gleichzeitig die Kontrolle ihrer Ansprüche nahezu unmöglich macht, die »Inszenierung von Wirklichkeit« zu einer »fortdauernden Strukturbestimmung des Politischen« macht (Edelman, Einleitung).

Eine objektive Strukturbestimmung des Politischen ist die symbolische Dimension aber unter den gegebenen Umständen nur in dem Sinne, daß eine symbolisch expressive Bedeutung instrumentellem Handeln unvermeidlich anhaftet. Sie entspricht einem wachsenden Bedürfnis der Politikkonsumenten in den Massendemokratien tatsächlich. Objektiv ist sie indessen keineswegs in dem weitergehenden Sinne, daß sich die symbolische Bedeutung öffentlicher Aktionen der subjektiven Willkür, der Planbarkeit und dem strategischen Entwurf durch ihre Urheber entzöge.

Im Gegenteil. Die neuen Möglichkeiten symbolischer Politik werden ihrerseits zum Gegenstand virtuos beherrschter Künste von politischen Akteuren und der quasi »kriegswissenschaftlichen« Planung von Öffentlichkeitsstrategien, Politikinszenierungen und individuellen wie kollektiven politischen Aktionen der Politik. Zu dieser besorgten Feststellung hatte Kurt Schumacher schon wenige Jahre nach dem Zweiten Weltkrieg Anlaß. Die Entkoppelung des instrumentellen und des symbolischen Gehalts politischer Handlungen wird systematisch betrieben und schließlich in einer Weise gehandhabt, die die prinzipielle Frage nach der Unterscheidbarkeit der realen und der symbolischen Welt aufwirft. Ist es nun Schein oder Wirklichkeit, was aus der Inszenierung hervorgeht? Oder ist diese Unterscheidung gegenstandslos?

Jean Baudrillard hat die Beobachtung des zunehmenden Verschwindens der Realität hinter der medienproduzierten Symbolwelt im spektakulären Stil des Pariser Starphilosophen zur Metaphysik der »Agonie des Realen« zugespitzt. Die Medien, Werbung und was sich sonst heute öffentlich Ausdruck verschafft, gäben längst nicht mehr eine an sich seiende objektive gesellschaftliche Realität wieder, wie auch immer gebrochen. Sie werden vielmehr, so seine These, in einer bodenlosen Kreisbewegung ebenso von dieser hervorgebracht, wie sie umgekehrt deren Strukturen und Handlungsformen selbst wieder hervorbringen.

»Heutzutage funktioniert die Abstraktion nicht mehr nach dem Muster der Karte, des Duplikats, des Spiegels und des Begriffs. Auch bezieht sich die Simulation nicht mehr auf ein Territorium, ein referenzielles Wesen oder auf eine Substanz. Vielmehr bedient sie sich verschiedener Modelle zur Generierung eines Realen ohne Ursprung oder Realität, d.h. eines Hyperrealen. Das Territorium

DER SPIEGEL

Vor der Trauung
zum Notar
SPIEGEL-Report über Eheverträge

Kommunist Lenin
Der Schuldige
Zerfall des Sowjetsystems

Symbolische Inszenierung in zweiter Potenz.
Ein Bild und seine Verwendung

ist der Karte nicht mehr vorgelagert, auch überlebt es sie nicht mehr. Von nun an ist es umgekehrt: (Präzession der Simulakra:) Die Karte ist dem Territorium vorgelagert, ja sie bringt es hervor.« (Baudrillard 1978, S. 7f.)

Die Symbole werden in einer Welt, die ihrerseits mehr von ihnen hervorgebracht ist als daß sie ihre feste Bezugsgröße wäre, zu »Simulakra«. In der Schleifenbewegung von symbolisch erzeugter Realität und nur noch scheinbar realitätsbezogenem Symbol spielen sie die Rolle von Trugbildern in einem Kreislauf von Realitätserzeugung und Symbolproduktion, der als ganzes an die Stelle der Realität tritt. Die beiden ehedem getrennten Pole der Realität und der symbolischen Repräsentation der Realität verschmelzen, nach Baudrillard, durch einen »Kurzschluß«. Ihre Sinndifferenz, ihre dialektische Polarität, lösen sich auf. »Wir befinden uns in der Logik der Simulation, die nichts mehr mit einer Logik der Tatsachen und einer Ordnung von Vernunftgründen gemein hat ... Die Tatsachen besitzen keine eigene Flugbahn, sie entstehen im Schnittpunkt von Modellen, so daß eine einzige Tatsache von allen Modellen gleichzeitig erzeugt werden kann ... Alle Interpretationen sind wahr; ihre Wahrheit besteht darin, sich in einem erweiterten Kreislauf auszutauschen, und zwar nach Maßgabe von Modellen, denen sie selbst vorgeordnet sind.« (Ebd., S. 30)

Baudrillard zielt nicht allein auf eine Medienkritik. Ihm geht es um eine historische Metaphysik der Subjekt-Objekt-Beziehung, um eine Neubestimmung der Verhältnisse dessen, was einst als reale Welt galt und ihrer symbolischen Darstellung in der Moderne. Er beschreibt die welthistorische Katastrophe einer Implosion aller Beziehung von Subjekt und Objekt, sozialer Welt und Erkenntnis, Realität und Symbol.

Seine apokryphen Erwägungen klären sich zu der These einer fatalen Logik unwiderstehlicher Wellen der Inbesitznahme der Wirklichkeit durch symbolische Kunstprodukte. Er stellt sie und die Stadienlehre ihrer Entwicklung mit dem Wertgesetz der kapitalistischen Produktionsweise in einen, wenn auch vagen, Zusammenhang. »Die Imitation ist das bestimmende Schema des ›klassischen‹ Zeitalters von der Renaissance bis zur Revolution. Die Produktion ist das bestimmende Schema des industriellen Zeitalters. Die Simulation ist das bestimmende Schema der gegenwärtigen Phase, die durch den Code beherrscht wird.« (Baudrillard 1982, S. 79)

Die »Metaphysik von Realität und Schein« ist in die Metaphysik der Simulakren übergegangen. Sie sind die Bausteine dessen, was in der Gegenwart an die Stelle der Realität getreten ist. Das ist zugleich das Ende der Geschichte. »Benjamin und McLuhan haben klarer als Marx gesehen, daß die wirkliche Botschaft, das eigentliche letzte Wort in der Reproduktion selbst liegt. Und daß die bloße Produktion keinen Sinn hat: ihre gesellschaftliche Finalität geht in der Serienproduktion verloren. Die Simulakren sind der Geschichte überlegen.« (Ebd., S. 88)

Baudrillard illustriert seine These, obgleich sie viel tiefer greifen soll als dessen Macht, am Beispiel des Fernsehens. Es wird zum Leben der Menschen, deren Leben es angeblich nur abbildet, und bildet dann ab, was es selbst hervorgebracht hat, um sich im eigenen Abbild zu bestätigen.

Die Macht der öffentlich präsentierten und inszenierten symbolischen Welt wächst unter diesen Umständen ins Ungemessene. »Überall dort, wo sich die Unterscheidung zweier Pole nicht aufrechterhalten läßt, ganz gleich auf welchem Gebiet (Politik, Biologie, Psychologie, Medien), betritt man das Feld der Simulation und absoluten Manipulation – man ist nicht passiv, man kann vielmehr aktiv und passiv nicht mehr unterscheiden.« (Baudrillard 1978, S. 51)

Der Universalanspruch der These von der »Agonie des Realen« besteht im extensiven Sinne zu Recht. Offenbar auf allen Feldern der sozialen Lebenswelt produzieren die gemachten Bilder Wirklichkeit. Die Mode ist nur der Paradefall. Die Entfaltung privater Lebensstile, die öffentlichen Handlungsformen, Sichtweisen und Selbstdeutungen führen vor, daß die symbolischen Weltdeutungen nicht nur die Realität vertreten, sondern daß sie selber für die Realität genommen werden. Sie nehmen sie als Realität und sie übernehmen sie in ihr Verhalten so, daß das, was ursprünglich als Interpretation des Realen auftrat, Realität wird.

Der Universalanspruch der These von der »Agonie des Realen« ist eine Behauptung im Widerspruch mit sich selbst, was den intensiven Sinn betrifft. Von dessen Anspruch aber lebt die These als Entwurf einer Metaphysik des Informationszeitalters.

Falls es keinen sozialen Ort mehr gäbe, der dem Strudel des reinen Bilderkreislaufs entzogen bliebe – und wäre es nur auf Zeit und wäre es nur zum Teil –, dann würde die Perspektive selbst verschwinden, aus der wir seine Bewegung wahrnehmen können.

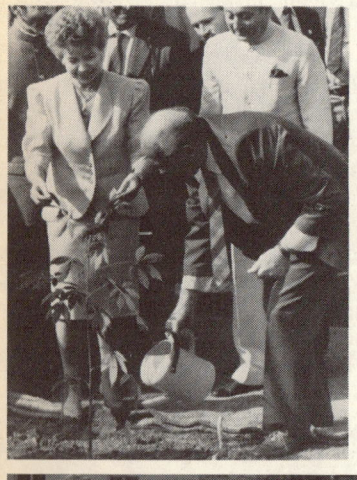

Solange die Erfahrung des Bilderkreislaufs möglich ist, ist er nicht total. Totale Manipulation setzt voraus, daß der Begriff »Manipulation« selbst aus der Sprache getilgt ist.

Baudrillard taucht eine Dimension der Medienwelt in gleißendes Licht. Er macht einen Kreislaufprozeß von Bild und Welt sichtbar, der unsere Zeit kennzeichnet wie keine zuvor. Er läßt sich aber von den Reflexwirkungen seiner Blitzlichter selbst blenden. Der Kreislauf der Bilder ist eine wesentliche Dynamik der Täuschung in unserer Welt. Er ist aber nicht die Welt.

Fingieren und Simulieren. Zur Sozialontologie der symbolischen Inszenierung

Die reine symbolische Inszenierung setzt einen Kreislauf Realität – Bild – Realität' – Bild' in Gang. Sie mag in den Aktionen dessen, der sie auflegt, zunächst gestisch als scheinbare Realhandlung fingieren, was in Wirklichkeit nicht der Fall ist. Töpfers Rheinpassage, Blüms Pinochet-Schelte, Lafontaines Gewerkschaftsattacke erzeugten zu Beginn durch Handlungen, die als solche real, aber in dem, was sie sein wollten, Fiktion waren, einen falschen Schein. In all diesen Fällen war bei Prüfung der empirischen Sachlage die Realität, die in der Handlung täuschend überspielt war, als solche eindeutig zu ermitteln. Die Differenz zwischen ihr und dem Schein, der an ihre Stelle treten sollte, konnte in flagranti bloßgelegt werden.

Im Falle Töpfers blieb es dabei. Die Differenz löste sich in der Folge der Inszenierung nicht auf. War schon im Vorgang der Inszenierung zweifelhaft, ob der Froschanzug nur Wärmeschutz oder nicht doch Zeugnis des Mißtrauens des Akteurs gegen den selbsterzeugten Schein vom sauberen Rhein war, so brachten Messungen rasch und gründlich die Augenwischerei an den Tag. Der Rhein blieb, ein bißchen geringer allenfalls, die Kloake, die er seit langem ist. So viele auch die Inszenierung für bare Münze genommen haben mögen, weil sie außer den Bildern vom Minister beim Baden vom Rhein nichts wußten, den Rhein veränderte das nicht. Der Kreislauf, den diese Inszenierung anstieß, war einer zwischen Schein und Weltbild. Die Wirklichkeit selbst geriet nicht in seinen Bann. Es war ein Zirkel im Reich der Interpretation.

Indem aber das Weltbild der vielen, die nur von den Medienbildern leben, von diesem Schein allein statt von der Realität, die er

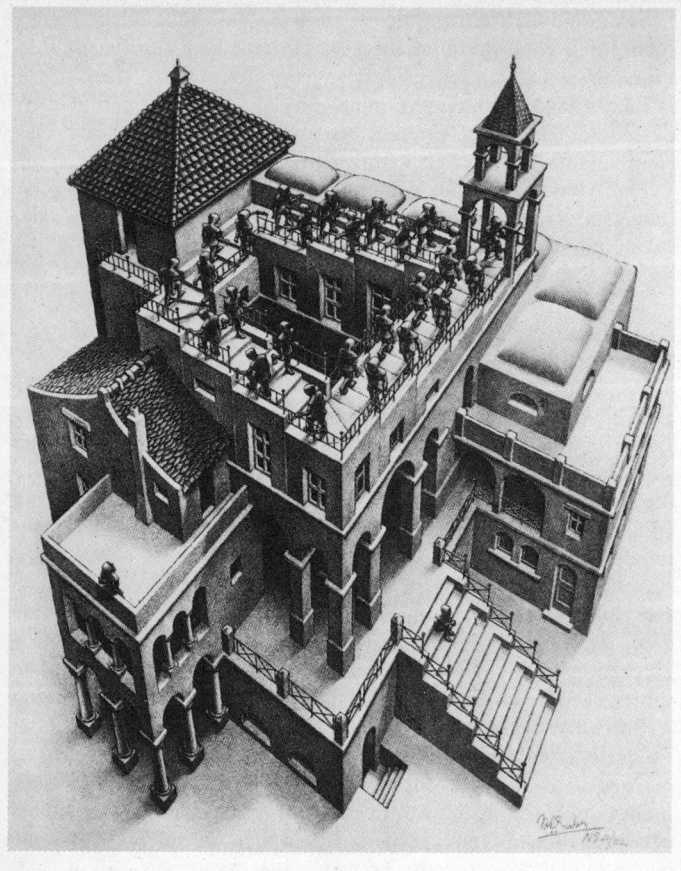

Hinaufsteigen und Hinabsteigen, M. C. Escher, 1960

abzubilden vorgab, geprägt wurde, erzeugte er dennoch soziale Wirklichkeit. Eben diesen Glauben, der für Urteil und Handeln so viel galt, als wäre der Schein die Welt. Diese Wirklichkeit blieb aber prekär. Sie lebte von der unterschlagenen Information. Und sie bestand nur, solange die Unterschlagung wirkte. Im Maße wie der einzelne sie durchbrach, zerfiel die Fiktion und gab den Blick auf die Welt wieder frei.

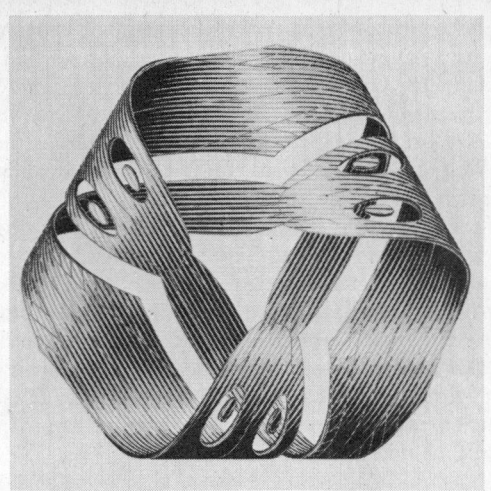

Möbius Band I, M. C. Escher, 1961

Möbiusbänder dieser Art sind leicht geknüpft. Sie erlangen soziale Macht nur prekär und temporär. Eben solange die Schlinge hält. Wo Information über die Welt, deren Fiktion uns gezeigt wird, nicht zugänglich ist oder abstrakter bleibt als die fiktiven Bilder, ist für alle praktischen Zwecke der Schein die Welt, auch wenn er nur der Schleier ist, der über sie gelegt wurde.

Es geht aber auch anders. Es gibt Inszenierungen, deren Fiktion die Wirklichkeit real erzeugt, die er nur vortäuscht. Wie eine Handschelle, zu der der Schlüssel verlorenging, legt sich das Möbiusband um unsere Hände, das Inszenierungen wie die Lafontaine-Gewerkschaftsdebatte erzeugen. Hier findet statt, was Baudrillard mit dem Begriff der Simulation zu fassen versuchte. Der Kreislauf der Bilder tritt an die Stelle der Wirklichkeit. Das Objekt, die Referenz von Bild und Welt löst sich auf. Die Akteure, Steinkühler und die Seinen hier, Lafontaine und die Seinen dort, nehmen in der öffentlichen Arena die Rollen an, die ihnen in der Medienfiktion nur angesonnen waren. Sie erfüllen, indem sie sich real aufeinander beziehen, als müßten sie sich wie gute Mitspieler am Drehbuch orientieren, das in der Medieninszenierung zum erfolgreichen Bild von der Welt wurde, den Schein mit wirklichem Leben.

Der Schein wird zur sozialen Wirklichkeit, wie in der Werbung, wo das fiktive Abbild der Sehnsuchtswelten zum Vorbild für Aussehen, Handeln, Urteilen, Träumen und Selbstbild der vielen wird, die werden wollen wie die schönen Bilder. Die Welt hinter dem Schleier löst sich im Schleier auf. Der Schleier löst sich in der sozialen Welt auf. Der Kreislauf Realität – Bild – Realität' – Bild' vollendet sich. Wie ein Luftkissen bewegt er sich leicht und sicher über der sozialen Wirklichkeit, ohne sie noch zu berühren, und saugt sie schließlich in sich auf. Er schießt ins All, ohne des Widerstands noch zu bedürfen, der den Anspruch des Abbilds begründet. Das ist es, was Baudrillard die Präzession der Simulakren nennt. Die Simulation ist der Übertritt der Fiktion in die Wirklichkeit. Das zweipolige, ontologische Grundverhältnis von Bild und Welt wird zum pollosen Kreislauf der Bilder. Dieser Übergang vom Schein zum Sein ist real. Aber er ist kein Verhängnis. Er ist widerruflich und umkehrbar.

Politiker-Medien-Symbiose: Ein neues Ding an sich

Eine Inszenierung von der Größenordnung der Lafontaine-Gewerkschaftsdebatte in der Arena symbolischer Politik oder die grandiosen Präsentationen des Präsidenten Reagan sind freilich kaum möglich, wenn ihnen nicht auf der Ebene realer Politik ein Minimum überprüfbaren Wahrheitsgehaltes zukommt. Es handelt sich dabei um ein zugleich unabgesprochenes und doch reibungslos professionelles Zusammenspiel von politischem Akteur und Medien. Bei Reagan sprang stets das Fernsehen ein. Bei Lafontaine war es vor allem *Der Spiegel*. Lafontaine präsentierte Themen oder Fragen, die ihm am Herzen lagen, in Eklatform, weil er davon ausging, daß sie nur auf diesem Wege öffentliche Aufmerksamkeit finden und Diskussionen auslösen würden. Die betreffenden Medien haben Lafontaines Stichworte nach Maßgabe ihrer Nachrichtenfaktoren ausgewählt, verarbeitet, dramatisiert und aufgebläht, die ohnedies stets die Auswahl von Informationen als Kriterien erfolgreicher öffentlicher Berichterstattung lenken.

Die Inszenierung der Lafontaine-Gewerkschaftsdebatte kann geradezu als Paradefall für die Konstruktion einer idealen Nachricht gelten, während eine Untersuchung des tatsächlichen Verhältnisses der Programmkonsense von Sozialdemokratie und Gewerkschaften im direkten Gegenteil dazu den Modellfall eines Sachverhalts darstellt, der nach diesen Gesetzen keine Nachricht wert ist.

Die Nachrichtenfaktoren bestimmen, was Medien für ein interessantes Ereignis halten, ebenso wie die Form seiner Bearbeitung für die öffentliche Präsentation. Sie sind Formen der Selektion und der Konstruktion der Wirklichkeit, mit denen sich die Medien ihrer eigenen Auffassung zufolge zum Instrument des Interesses ihrer Konsumenten und damit erst zu dem machen, was sie allein ja sein wollen, erfolgreiche Informationsvermittler.

Offenkundig bot die Inszenierung des Lafontaine-Gewerkschaftskonflikts ganz im Gegensatz zu einer Information über die strategischen Handlungsabsichten von Sozialdemokratie und Gewerkschaften eine vorzügliche Übereinstimmung mit den Nachrichtenfaktoren, und zwar gerade mit der Mehrzahl der gewichtigsten unter ihnen.

Die Nachrichtenfaktoren erweisen sich im Hinblick auf die Möglichkeiten symbolischer Politik als ambivalent. Sie legen nämlich den politischen Akteuren, die sie kennen und beherrschen, nahe, das eigene Handeln von vornherein auf sie hin zu entwerfen, um kalkulierbare öffentliche Wirkungen zu erzielen. Soweit sich sehen läßt, spielte das Interesse Lafontaines an der Öffentlichkeit seiner Themen und einer bestimmten gewerkschaftskritischen Form der Debatte mit dem Interesse der Medien an ihrer informationellen und politischen Verwertung zusammen. Die optimale Medienverwertbarkeit der Thematisierungen und die symbolisch-politischen Absichten der öffentlich inszenierten Kontroverse des Akteurs und der primär beteiligten Medien verschmolzen. Der überraschende, personalisierte Konflikt auf einem Feld, das die meisten unmittelbar angeht und Personen von hohem Nachrichtenwert betraf, lieferte zwar im Hinblick auf die tatsächlichen Positionen von Sozialdemokratie und Gewerkschaften ein irreführendes Bild, erfüllte aber in idealer Weise die Bedingung der Medienaufmerksamkeit.

Angesichts einer solchen Gemengelage von Intentionen und Wahrnehmungen der beteiligten Akteure und Medien bei der Inszenierung eines Ereignisses in der Arena symbolischer Politik ist die Frage nahezu unentscheidbar, wer wen für welche Zwecke dabei eingespannt hat oder in welchem Maße nur schlicht die Selektionsmechanismen der Informationsaufbereitung in den Medien wirksam waren, um den symbolisch-politischen Effekt hervorzubringen. Lafontaine erschien in diesen Inszenierungen als der sozialdemokratische Politiker, der vorurteilsfrei, mutig und ungebunden über die zentralen Zukunftsfragen des Gemeinwesens öffentlich nachdenkt. Die Neuauflage der sozialliberalen Koalition bot sich wie von selbst als das naheliegende Instrument eines zukünftigen Reformbündnisses an. Teile der SPD und der Gewerkschaften konnten nebenbei als Fußkranke eines industriefreundlichen neuen Fortschritts dargestellt werden. Und ein führender sozialdemokratischer Politiker spielte die Rolle des Kronzeugen.

Dabei ist kaum zu durchschauen, ob diese Absichten erst deutlich und forciert wurden, nachdem sich die Entwicklung der Kontroverse anhand der Nachrichtenfaktoren dazu anbot, oder ob die Form der Berichterstattung selber schon ein Resultat dieser Intention gewesen ist . Es ist auch nicht eindeutig feststellbar, in welchem Maße solche Intentionen bewußt verfolgt werden oder sich das Bild der Wirklichkeit, das ihnen entspricht, durch die Art der Berichterstattung nur aufdrängt. Jedenfalls bietet diese Form der Inszenierung symbolischer Politik jedem, der mit ihr umzugehen weiß und die Gesetze, nach denen sie funktioniert, zu handhaben versteht, ein erfolgversprechendes Instrument der Beeinflussung von politischen Interpretationen des eigenen Bildes in der Öffentlichkeit.

Die selber subjektlose Symbiose von Akteur und Mittler, Politik und Medium, Politiker und Journalist, erweist sich als Prozessor der Inszenierung. Sie ist das soziale Substrat dessen, was Baudrillard das Simulakrum nennt. Die Symbiose selbst, in der die Subjekte sich in den Sachgesetzen der wirksamen Informationsvermittlung auflösen, wird zum Subjekt, das eine Welt der Vorstellung erzeugt. Keines der beteiligten Subjekte scheint für sie verantwortlich zu sein, weil jedes auf das andere als objektive Wirklichkeit verweisen kann, an der sich bewähren muß, was als Information in die Öffentlichkeit vordringen soll. Der eine hat nur die Schlinge gelegt und der andere nur den Stuhl weggestoßen. Schuld sind sie beide nicht.

Das *Neue Deutschland* mit seinen Bleiwüsten aus Reden, Dokumenten, Beschlüssen, Protokollen wurde eben nur von denen gelesen, die sich darauf berufen mußten. Und das schönste Programm des lautersten Politikers bleibt sein Geheimnis, wenn er sich nicht hervortut im Gedränge der Anwärter auf Öffentlichkeit.

Die Politiker-Medien-Symbiose ist der Ort, an dem sich der Kurzschluß zwischen Medienbild und Welt ereignet. Hier wird zu Realität, was sich ohne die Medienfaktoren nie ereignen würde. Hier wird berichtet, was geschah, damit der Bericht möglich wird. Das geht in Fleisch und Blut über und der Erfolg bestätigt sich selbst.

Die Politiker-Medien-Symbiose ist zugleich eine Bedingung des amüsanten Scheinverständnisses einer undurchdringlichen Welt und ein System organisierter Verantwortungslosigkeit. Die Ingenieure des Scheins erscheinen zugleich als seine Opfer.

Sie löst über die fortwährende Selbstbestätigung des inszenierten Scheins als wirkliche Welt hinaus einen zweiten Zirkel aus. Sarcinelli hat auf ihn hingewiesen. Es ist wohl keine Frage mehr, daß das Kriterium Zugang zu den Medien und Zugehörigkeit zum politischen Starsystem für innerparteiliche Machtbildung zunehmend Bedeutung erhält (1987, S. 222).

Das fängt auf der lokalen Ebene an. Ganz oben wird es zwingend. Wer kann die Medien spielen? Mit wem wollen die Medien spielen? Argumente, die über Macht und Ohnmacht entscheiden. Was sonst noch zählt wird zweitrangig. Wahlen über Führungspersonal werden zu Plebisziten über Mediengerechtigkeit. Sünden werden rasch vergeben, wenn die Medien nur mitspielen. So wird ein Teil der innerparteilichen Demokratie ausgetrocknet, weil nicht der Wille einer Partei zu ihrem Kandidaten, sondern der Wille der Medien, ihn als Mitspieler zu initiieren, über die Chancen und damit die Macht entscheidet.

Die Politiker-Medien-Symbiose ist nicht eine zufällige Arbeitsgemeinschaft. Sie ist das ens realissimum der unbewegten Beweger der Welt des inszenierten Scheins, die selten aus der Absicht der Täuschung entsteht, sondern aus der Kenntnis von dem, was geschehen muß, um Gehör zu finden. Die Fiktion, um die es noch immer geht, wird in diesem Kraftzentrum zur Simulation, zur schwerelosen sozialen Wirklichkeit, die ebenso inszeniert wie real ist.

7. Komplexität im Zwiespalt.
Naivität und Zynismus

Konstruktion und Schein

Die Form, wie das Fernsehen und die visuelle Logik, die es prägt, Wahrnehmung vermitteln, lädt zur Inszenierung des symbolischen Scheins mit Nachdruck ein. Sie legt diese nahe und begünstigt sie bis hin zur flagranten Beihilfe. Sie hilft, wenn Not am Mann ist, gebührenfrei nach. Sie bestraft jene, die sich nicht auf sie verstehen.

Dennoch sind die Inszenierung der Welt in den Medien und die Inszenierungen symbolischer Politik nicht dieselbe Konstruktion. Die Inszenierung der Wirklichkeit im Medium gehört einer gänzlich anderen Kategorie von Verzerrung an als die Inszenierung des Scheins in den Aktionen symbolischer Politik. Die Selektionsmechanismen der Medien mögen in einem gegebenen Falle den Eindruck erzeugen, als habe ein davon begünstigter Politiker Wunder gewirkt. Das mag sich dann, je nach den im Spiele befindlichen Interessen und Vorurteilen in dem einen Medium so und im anderen ganz anders ausnehmen. Das hat der Akteur von Hause aus nicht in der Hand, auch wenn der Rest der Naiven, die nicht das Kalkül auf die Medienwahrnehmung immer schon einlassen in alles, was sie tun, im Sog des Fernsehparadigmas hinwegschmilzt wie der Schnee vom vergangenen Jahr.

Symbolische Politik ist mehr als der Entwurf des Handelns auf das Auswahlregime der Medien hin. Sie ist die systematische Ausbeutung der Gewißheit, daß der Schein, den die Medien erzeugen, so wenig mehr durchdringbar ist, daß der Unterschied von Scheinhandlung und Wirklichkeit für die Praxis gegenstandslos wird. Sie ist über alle unvermeidliche Konstruktion hinaus, durch die in den Medien Wirklichkeit allein noch möglich ist, die Instrumentalisierung des Scheins zum Zwecke der vorbedachten Irreführung.

Für symbolische Scheinhandlungen mag es tausend Gründe und noch mehr Anlässe geben. Das ist auf jedem Niveau der Analyse immer aufs neue zureichend beschrieben, aufgelistet und erklärt worden.

Die systemtheoretisch inspirierten Erklärungen, die immer

nach dem Fest geliefert werden, haben eine fatale Neigung, ihre Art von Erklärung so zu fassen, daß die Erklärung aus Motiven oder Effekten und die Rechtfertigung nach Gründen ununterscheidbar verschmelzen. Was das System oder die, die sich an der einen oder anderen Stelle jeweils als seine Sachwalter aufführen, vollbracht haben, damit das Ganze zusammenhält, erscheint immer als funktional. Zweckdienlich und gut in einem.

In diesem Verständnis kann jede Konstruktion die gleiche Würde des Beitrags zum Zusammenhalt einer unüberschaubaren Welt in Anspruch nehmen. Das Placebo läßt sich nicht einmal mehr definieren, wofern es nur Erfolg hat. Alles ist Funktion, was funktional ist. Eine Medizin ist die andere wert, wenn der Patient nur gesund wird.

Komplexität II. Funktionszynismen

Die Politikwissenschaft hat sich dem Thema symbolische Politik erst spät und lange Zeit nur sporadisch zugewandt. Der Begriff begann sich seit den siebziger Jahren einzubürgern. Aber die Beleuchtung seiner einzelnen Facetten bündelte sich nicht zu einer theoretischen Klärung der ganzen Sache. Erst in der Folge von Forschungen über die Wirkungen der Massenmedien auf Politik und Bürger erlangte das Thema Aufmerksamkeit in der akademischen Disziplin.

Von zwei Seiten her wurde es immer wieder angeschnitten. Studien zur politischen Massenkommunikation stießen darauf, ohne die Sache umfassend auf den Begriff zu bringen. Sie klärten aber gründlich die Verhältnisse moderner Medienwirkung, die symbolisches Handeln als systematische Placebo-Politik erst möglich machen.

Der eine Zugang der Politikwissenschaft ergab sich aus einer Verlegenheit der Politik. Wie sollte sie angesichts ihrer wachsenden Ohnmacht in hochkomplexen Industriegesellschaften Leistungsvertrauen und Glaubwürdigkeit, beides existentielle Voraussetzungen ihrer Legitimation, bewahren können? Sie spielte, so zeigten die Analysen, mit neuen Mitteln die alte Rolle souveräner Steuerung einfach weiter, die sie doch weitgehend an den Selbstlauf gesellschaftlicher Entwicklungen hatte abtreten müssen. Symbolische Politik als Souveränitätsfiktion.

Der andere Zugang ergab sich aus der penetranten Erfahrung, daß die moderne Massenkommunikation Sache und Begriff politischer Wirklichkeit von Grund auf zu verwandeln beginnt. Das Medienbild von der Welt war zur Welt für uns geworden. Die Gesetze seiner Herstellung beherrschten den öffentlichen Diskurs. Symbolische Politik als Bedrohung rationaler Öffentlichkeit.

Kaum ein zweites Thema erschließt sich wie dieses nur einem weitgespannten inter-disziplinären Erkenntnisweg. Zeichentheorie, Kommunikationswissenschaft, Soziologie, Politikwissenschaft, Sozialpsychologie, Philosophie, Geschichte, zumindest, müssen zusammenkommen, um der Sache gerecht zu werden. Placebo-Politik als System ist mit kleineren Netzen nicht zu fassen.

Nur wenige Studien, die das in Rechnung stellten und dann auch zu leisten vermochten, konnten den Vorhang beiseite ziehen. Die Analyse Edelmans hatte die Augen geöffnet und die Begriffe geliefert. Dieser Paradigmenwechsel im Politikverständnis war fällig, weil Politik selbst das Paradigma ihrer Selbstdarstellung zu wechseln begann.

Symbolische Politik ist Gebrauch von Symbolwirkungen zu politisch kalkulierten Zwecken. Sie ist nicht Kommunikation, sondern Strategie. Eine folgenreiche Disposition der politischen Kultur. Sie muß ein Zentralthema der Politikwissenschaft sein, in der sie sich gleichwohl nicht erschöpfen kann.

Es geht dabei nicht in erster Linie um den Symbolbegriff. Es geht um den Aufbau einer symbolischen Welt des Politischen in den Medien und die strategischen Handlungschancen, die sie eröffnet. Es geht um Urheber, Absichten und Wirkungen. Und es geht um die Frage, was es bedeutet, wenn eine Gesellschaft auf diesem Wege zusammengehalten wird. Es geht also, auf neue Weise, wie eh und je, um Herrschaft, Legitimation und Mündigkeit. Oder vielmehr darum, was mit ihnen geschieht, wenn Placebo-Politik die politische Kultur befällt.

Einen exemplarischen Versuch, die verstreuten Mosaiksteine der Analyse zusammenzufügen und ein vollständiges Bild symbolischer Politik zu zeigen, hat Ulrich Sarcinelli unternommen. Exemplarisch ist dieser verdienstvolle Versuch auch wegen eines zwiespältigen Ergebnisses.

Diese Theorie symbolischer Politik erklärt und versteht viel. Zu viel. Sie verfängt sich, wie alle Gesellschaftstheorie, die den Luhmannschen Systemfunktionalismus zum Maßstab seriöser Theoriebildung macht, in den weiten Netzen des funktionalen Verstehenkönnens von allem und jedem, was tatsächlich in der Welt passiert. Bei Hegel war alles, was wirklich ist, vernünftig. Bei Luhmann ist alles, was wirklich ist, systemfunktional. Der Zwiespalt ist derselbe.

Was als soziologische Aufklärung angelegt ist, endet in einem Fatalismus, der vom Zynismus nur einen winzigen Schritt entfernt ist. Verstehen, Resignieren, Verzeihen, Erklären und Einwilligen gehen unmerklich ineinander über. Sobald ermittelt ist, für was ein Sachverhalt das funktionale Äquivalent ist, welchen Beitrag er zur Erhaltung seines Bezugssystems leistet, ist er erklärt und damit, jedenfalls was das Geschäft der Wissenschaft angeht, in seiner Existenz gerechtfertigt.

Der Begriff der Komplexität wurde als Paradigma der Aufklärung gegen simplifizierende Handlungsmodelle in die Sozialwissenschaften eingeführt. Er schlägt in dem Augenblick in eine Art höheren Verstehenszynismus um, wo er jeden Versuch, äquivalente Funktionen normativ, nach Maßgabe sozialer Legitimationskriterien zu beraten, als naiv zurückweist. Wenn das System immer wieder die letzte Instanz für die Auswahl und Bewertung der Funktion ist, die sich aus der Menge der vielen Möglichkeiten aktualisiert, dann kann diese Art von Verstehen für die Kritik dessen, was gerade der Fall ist und für die soziale Praxis keine Orientierungen bieten. Ihr Gestus ist die verstehende Resignation.

Zwei Selbstbeschränkungen seiner überaus informativen Theorie symbolischer Politik bringen auch Sarcinelli in die Nähe dieses kennzeichnenden Zwiespalts. Er paßt seine Erklärungen vollständig in den Rahmen dessen, was nach systemfunktionalem Verständnis eine Theorie zu sein hat, ein. Und er stützt seine Betrachtungen auf Zeitungsnachrichten allein. Grammatik und Semantik des visuellen Scheins finden keine Beachtung.

Der Analytiker kann schlüssig alles erklären. Symbolische Politik schießt ins Kraut, weil eine komplexe Gesellschaft, in der kaum einer noch eigene Kenntnisse gewinnt von dem, was geschieht, nur über Massenmedien integriert werden kann. Diese folgen Gesetzen, die systematisch symbolische Aktionen begünstigen. So ist das nun mal. Damit wäre die Sache wissenschaftlich erklärt. Der Staatsbürger aber, der das schreibt, kann seine Kritik an dem, was aufs System gerechnet wohl Integration, auf das Individuum bezogen aber ›Entmündigung‹ ist, eben nicht beiseite lassen. So unterbrechen seine kritischen Seufzer den glatten Fluß der systemfunktionalen Erklärungen.

Der funktionalistische Theoriebegriff läßt solche Fragen nicht zu. Unterkomplex, zu kurz gesprungen. Er erklärt, und er erklärt so, daß sich Besänftigung ausbreitet. Es geht, aufs Ganze betrachtet, schon alles mit rechten Dingen zu. Symbolische Politik wirkt systemintegrierend. Vielleicht sollte man bei Gelegenheit die Dosis herabsetzen, damit sich kein dysfunktionaler Überschuß einstellt.

Der Autor erschreckt vor dem Ergebnis seiner eigenen Analyse und meldet Einwände an. Das Ziel der Analyse ist die Ermittlung des Beitrags symbolischer Politik zur Legitimierung von Herrschaft. Sie erkennt den inszenierten Schein als Erzeugnis der Medien, wenn auch in symbiotischer Koproduktion mit den medienbewußten Politikern. Dieses Bild, das uns die Medien nach ihrem Maß von der politischen Welt vormachen, sei ja aber – im erkenntnistheoretischen Sinne – selbst eine Wirklichkeit und als solche objektiv. Mehr können wir ohnedies nicht haben. Das gälte selbst, wenn im Medienbild von der Welt das tatsächliche Geschehen »nur inadäquat« zum Ausdruck kommt.

Wenn Primärerfahrungen nun einmal nicht mehr vorlägen, werde das Medienbild von der Politik eben zur »Wirklichkeit der Politik« (Sarcinelli 1987, S. 88, 226). Dieses Bild werde ja von den Medien nicht willkürlich erfunden. Die Vorwegnahme der Zuschauerinteressen spiele bei seinem Zustandekommen eine Rolle und ebenso die allgemeinen Regeln der Medienarbeit. Alle nehmen an der Erzeugung des Medienbildes teil, wenn auch die einen durch Produktion und die anderen durch Hinnahme. Darum kann dieses Bild die unverzichtbare Aufgabe erfüllen, die Wahrnehmung von Wirklichkeit in hochdifferenzierten Gesellschaften zu vermitteln.

Es habe keinen Sinn, nach einer Wirklichkeit hinter dieser Wirklichkeit zu fragen. Denn das, was die Medien als Wirklichkeit komplexer Systeme für uns erzeugen, ist nun einmal die uns zugängliche Wirklichkeit dieser Systeme.

Das sieht wie eine Erklärung aus, sogar ontologisch unterbaut. Was der Autor nicht meint, drängt sich dem Leser auf. Die Geste höheren Verstehens des Prekären legt Zynismus nahe, zumindest

Komplexe Lage. Keine Hand mehr frei

Fatalismus. Die Medien machen unsere Welt, daran ist nicht zu rütteln. Die Profis werden dafür schon sorgen, daß sie annähernd so aussieht, wie wir sie eigentlich sehen wollen.

Darum möge doch niemand mehr den Massenmedienmythos beschwören, als machten die Medien allein die Medienwelt. Die Gesetze ihrer Entstehung seien für monokausale Erklärung zu komplex (ebd., S. 227).

Der Komplexitätsbegriff wirkt in Sachen Beschwichtigung wahre Wunder. Er ist das Funktionsäquivalent für das, was bei

Adam Smith die unsichtbare Hand war, bei Hegel die List der Vernunft und in jedem landläufigen Konservatismus der alte Mythos der Gesellschaft als Organismus.

Es sieht ja am Anfang oft nur so aus, als müßten wir schöne Hoffnungen preisgeben in unserer allzu komplexen Welt. Am Ende heilt diese dann mit immer neuen Funktionen die Wunden selbst, die sie schlägt. Der Systembegriff erklärt uns erst, warum wir nichts anderes mehr haben können von der Welt als das Medienbild, das wir haben. Dann zeigt er uns die Gesetze der Selektion, Verzerrung, Zuspitzung und falschen Dramatisierung, die das Bild erzeugen. Und dann macht er uns klar, daß das so produzierte Bild von der Welt nicht einfach nur das Medienbild von der Welt ist.

Der Systembegriff erklärt uns die Produktion des symbolischen Scheins als ordnungsstiftende, integrierende und handlungsorientierende Leistungen, also als bestandsnotwendig (ebd., S. 234). Darin bestehe das »theoretische Fundament« symbolischer Politik, also die wissenschaftliche Erklärung, warum es sie gibt und geben muß.

Das soll aber wiederum keine Rechtfertigung sein. Führt doch ein Übermaß symbolischer Politik zu einem pathologischen Lernen über die Welt. Mißtrauen und Abwendung, also das Gegenteil dessen, wozu die Regisseure der Inszenierung das Werk betreiben und wozu das System seiner bedarf, wären die Folgen. Wo wäre der Maßstab? Verträgt das System auch Mündigkeit? Ist alles, was funktional ist, auch vernünftig? Naive Fragen drängen sich auf.

Eine Kritik an den Grundregeln der Inszenierung, beispielsweise die von Ernst Topitsch am Wuchern der Leerformeln, weist Sarcinelli als naiv zurück. Das System brauche die Leerformeln schließlich zu seiner Integration. Topitsch war es um die Kritik einer Ideologiesprache zu tun, in der wertgeladene Leerformeln an die Stelle kritisch überprüfbarer Argumentation treten. Sarcinelli stellt dieser Kritik ein systemfunktionales Argument entgegen. »Im politischen Sprachgebrauch kann dieser Forderung jedoch keine Realisierungschance eingeräumt werden, übersieht sie doch die orientierende Funktion politischer Wertbegriffe, die vielfach gerade deshalb gebraucht werden, weil Konsens ›in der Sache‹ nicht möglich ist oder weil Sachkenntnis nicht vorausgesetzt oder auch nur ›schwer‹ hergestellt werden kann« (ebd., S. 155).

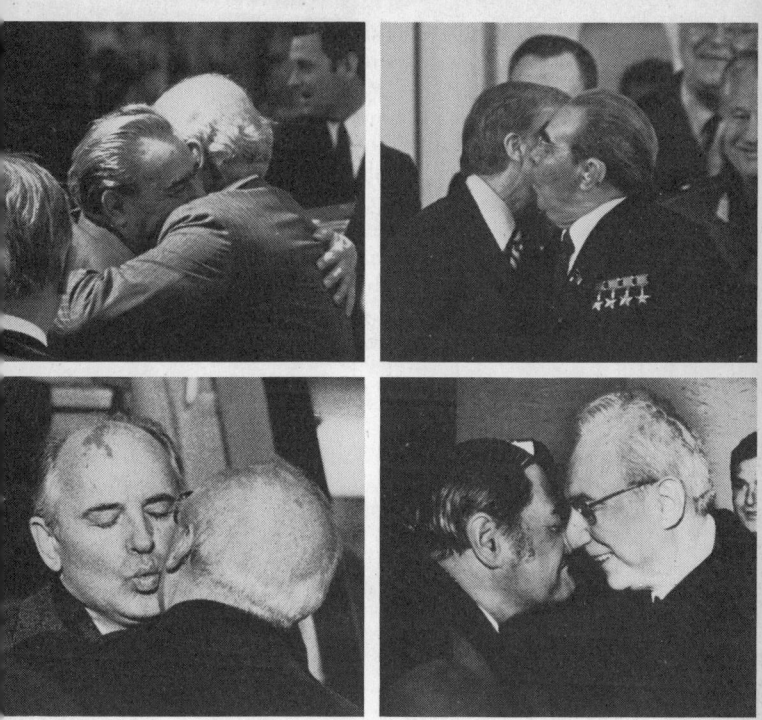

Werte sind nun einmal ideologische Leerformeln. Das ist die positivistische Voraussetzung in beiden Argumenten, bei Topitsch wie bei Sarcinelli. Ethisch-politische oder politisch-normative Elemente seien nicht falsifizierbar und daher der rationalen Debatte entzogen (ebd., S. 161). Eben dadurch seien sie aber bestens qualifiziert, zum Vehikel inszenierter Scheinkonflikte zu werden. Ja, diese seien gerade daran zu erkennen, daß Wertbegriffe vorrükken. Freiheit statt Sozialismus. Friedensfähig sind nur wir. Und dergleichen.

Diese Annahme bewirkt gleichzeitig zu wenig und zu viel. Wenn Wertbegriffe stets falsche Polarisierungen erzeugen, weil sie nur ideologische Leerformeln sind, wären rationale Richtungsdebatten politisch unmöglich. Das ist eine ungedeckte Behauptung. Wenn Richtungsdebatten zur politischen Integration nötig, aber als rationale nicht möglich sind, wären die trügerischen Inszenierungen politischer Scheinkonflikte das letzte Wort zu diesem Thema.

Das überlegene systemfunktionale Verstehen tappt in eine selbstausgelegte Falle. Luhmann selbst hatte sein Paradigma mit der Feststellung eingeführt, Wahrheit und Ideologie seien nichts als funktionale Äquivalente für die Systemintegration. Nun wird, in der Anwendung des Komplexitätsparadigmas auf immer neue Sachverhalte der Wirklichkeit, *die symbolische Inszenierung zum Äquivalent der Aufklärung.* Für die Erhaltung und Autopoiesis des großen anonymen Systems erfüllen sie, solange sie nur Wirkung zeigen, alle denselben Zweck.

8. Spiel ohne Grenzen. Metamorphosen

Gandhi und der Ram-Tempel.
Zwei beispielhafte politische Inszenierungen

»Ich wünsche die Sympathie der Welt für diesen Kampf des Rechts gegen die Macht.« Mit diesem Aufruf, auf einem Zettel notiert, beginnt Gandhis Salzmarsch im März 1930. Er wird von Ahmedabad nach Dandi am Golf von Cambay führen. Auf dem Gebiet des heutigen indischen Bundesstaates Gujarat.

Satyagraha ist Gandhis Wort für zivilen Ungehorsam, das Ergreifen der Wahrheit durch die Tat. Der symbolische Bruch des ungerechten Gesetzes wird die Gerechtigkeit erst sichtbar machen und schließlich herbeiführen.

Der Dandimarsch ist eine großangelegte Inszenierung. Es geht um das Ergreifen der Wahrheit vom Recht eines Volkes auf Selbstbestimmung. Inszeniert wird im großen Stil die Zeugenschaft Hunderttausender bei der kleinen Geste eines Mannes. Gandhi will öffentlich das Salzmonopol der englischen Kolonialherrschaft verletzen. Seinerseits ein Symbol der Herrschaft der Briten über das Land.

Fünfundzwanzig Tage Fußmarsch, mit dem Wanderstab durch Städte und Dörfer, 241 Meilen, sollen die Hunderttausende an Ort und Stelle, Millionen im ganzen Land vom Widersinn fortbestehender Kolonialherrschaft überzeugen. Mit dem eigenen Beispiel will Gandhi das Land zum gewaltlosen Widerstand gegen die fremde Macht ermutigen.

Geplant, am Ende des Weges durch die vielen Dörfer im nordwestlichen Indien, ist eine kleine Geste. Das Aufklauben einer Handvoll Salz am Meeresstrand von Dandi. Der lange Weg bietet die Chance der Information, der Besinnung, der Entscheidung, mitzutun. Nicht Reden, ein tägliches Handeln wird als Instrument der Aufklärung eingesetzt. Ein Handeln, dessen Ziel nicht der Erfolg der Handlung selbst ist, sondern die Sicht auf die bestehenden Verhältnisse, die sie freimacht, und das Nachdenken über diese, das sie veranlaßt.

Es geht um ein einfaches, bildhaftes Geschehen, an dem jeder teilhaben kann. Und doch geht es nicht um dieses Geschehen selbst, sondern um die Einsichten, die aus den Bildern des Geschehens hervortreten.

I want world sympathy in this battle of Right against Might.

Sandhi M K Gandhi

5. 4. '30

Der Auftakt. I

Die Gewinnung von Salz ist nach den Gesetzen den Briten vorbehalten. Gandhi will das Gesetz öffentlich brechen, um durch die Handlung Widersinn und Besiegbarkeit der Ordnung, die dem Lande aufgezwungen ist, nicht nur zu beschwören. Die symbolische Tat gleicht einem Beweis. Satyagraha, das Ergreifen der Wahrheit in einem wohlkalkulierten symbolischen Akt, der aufklären kann und aufrichten soll.

»An den Ufern des Flusses Sarayu lag einst ein großes und blühendes Land namens Kosala, und zufriedene Menschen lebten darin. Hier stand die Stadt Ayodhya, gegründet von dem berühmten, in den drei Welten bekannnten Manu, dem Ahnherrn der Menschheit. Diese große Stadt, die Tausende von Häuptlingen beherbergte, hatte König Dasharata erbaut. Das Volk dieser Stadt war glücklich und tugendhaft, gelehrt und erfahren; jeglicher war zufrieden mit seinem Stand. Niemand war arm, keiner wohnte in schlechter Behausung, alle lebten mit ihren Familien glücklich und mit Schätzen und Korn und Vieh und mit Pferden. In dieser Stadt gab es nicht Geizhälse oder Betrüger, keine gemeinen Stolzen, Unbesonnenen, Unwürdigen oder Gottlosen. Männer und Frauen lebten gerecht und voll Selbstbeherrschung, und in ihrem reinen und züchtigen Wesen glichen sie großen Weisen. Jeder trug Ohrringe, Diademe und Halsketten. Sie badeten täglich und rieben ihre Körper mit Öl ein, Rosenöl und Sandelpaste. Es gab keine Diebe, und niemand stammte aus einer Mischehe.

Auf dem Weg. Gandhis Protestprozession nach Dandi. April 1930

Da wurde der allgeehrte Gott der Welt, begnadet mit göttlichen Eigenschaften, da wurde Rama aus dem Schoße der Kaushalya geboren. Gott Vishnu inkarnierte sich aufs neue, weil nur einer den grausamen Dämonen Ravana besiegen konnte, der das Glück der Stadt Ayodhya zu vernichten drohte.« So lesen wir im Buch Ramayana des Dichters Valmiki, einer alten Geschichte, niedergeschrieben im zweiten Jahrhundert unserer Zeit. Im »Evangelium« des Hinduismus, wie eine beflissene, gleichermaßen anbiedernde und geringschätzende Bezeichnung der Geschichte des menschgewordenen Gottes Vishnu lautet.

Die *Times of India* am 28. Oktober 1989. In Indien geht der Wahlkampf in seine abschließende Phase. Der Weltverband der Hindus in Indien, Vishwa Hindu Parishad, kündigt an, überall im Lande Satyagraha zu üben. Das gilt für den Fall, daß er gehindert würde, am 9. November in Ayodhya, einer kleinen Allerweltsstadt im Bundesstaat Uttar Pradesh, den Grundstein für einen Geburtstempel des Gottes Rama zu legen, und zwar genau an der Stelle, an der sich seit dem Jahre 1528 die vom Mogulkaiser Babar errichtete, landesweit bekannte Moschee Babri Masjid befindet, wenn auch in märchenhafter Verlassen- und Verkommenheit.

Es geht um die Errichtung eines Hindutempels. Seit Wochen vollzieht sich zur Vorbereitung dieser Handlung eine großange-

Das Ziel. 6. April 1930.
Gandhi gewinnt Salz am Strand von Dandi.

legte Inszenierung im ganzen Subkontinent. In beinahe jedem
Dorf, wo Hindus wohnen, werden Ziegel gesammelt und nach
Ayodhya auf den Weg gebracht, damit der Tempelbau möglich
wird. Es geht um das Schüren eines Hindu-Gruppengefühls, um
das Schärfen eines Hindu-Bewußtseins gegen den Rest der indischen Gesellschaft. Der aufreizende Umzug der Ziegel in jedem
Dorf soll die Parteinahme erzwingen. Der Graben zu den Feinden
wird tief und breit gezogen. Die Wahrzeichen der Inszenierung
sind Pfeil und Bogen, von kriegerischen Gestalten drohend in
Pose gesetzt.

Es wurde mitgezählt. Zweihunderttausend Umzüge in vierhun-
derttausend Dörfern, Gemeinden, Städten. Beinahe jeder im

Lande wurde zum Zeugen der Polarisierungskampagne. Zusammengekommen sind zwei Millionen Ziegel, zeremoniell geweiht an Ort und Stelle, bevor sie die große Reise antraten. Denn errichtet werden soll der größte Hindutempel, den die Welt je sah, an der Stelle der berühmten Moschee, damit wieder klar werde, wem die Herrschaft im Lande gebührt.

Sammlung, Weihe, Transport der Ziegel in möglichst jedem Dorf sind die eigentliche Handlung. Kein Hindu darf Zuschauer bleiben, wenn es in seinem Dorf um die heilige Sache geht. Die symbolische Inszenierung will Mitmachen erzwingen. Es geht um die Schärfung eines überlegenen Gruppenbewußtseins in jedem Winkel. Überall leben Sikhs, Christen, vor allem, im Maßstab der Zahlen, Muslime und Hindus in engster sozialer Nachbarschaft, Verschränkung, Verflechtung.

Die Grundsteinlegung soll am 9. November sein. Wenige Tage vor dem Termin der Parlamentswahl. Es geht also um die Macht. Es geht um die Macht in einem Lande, dessen Staatsgründung schon den Preis erbarmungsloser Massenschlächterei von Hindus an Sikhs, Muslimen und umgekehrt verlangte. Der Vulkan hat lange geschwiegen. Jeder wußte, daß die Glut niemals ganz erloschen war.

Das Schüren feindseliger Gruppenstimmung soll nur Mehrheit schaffen.

Gandhi und seine Begleiter nahmen den Weg nach Süden, als sie die Stadt Ahmedabad verließen. Sie waren entschlossen, Freiheit und Leben einzusetzen, um Freiheit für alle Inder zu gewinnen. Zu den zehntausend Menschen, die sich am Vorabend des Marsches um ihn versammelt hatten, sprach der Mahatma ernst und feierlich und bescheiden. Dies wird wohl meine letzte Rede an Euch sein. Jeder wußte, daß die Briten sich bei der Verteidigung ihrer Herrschaft durch keine Hemmung hindern ließen. Auch wenn, hatte Gandhi an diesem Vorabend hinzugefügt, die Kolonialmacht am kommenden Morgen den Aufbruch des Zuges erlauben sollte, wird dies wohl meine letzte Rede an den heiligen Ufern des Sabarmati sein. Womöglich spreche ich jetzt die letzten Worte meines Lebens.

Am 13. März 1930, auf dem Weg nach Aslali, und den folgenden Tagen sprach der Einundsechzigjährige jeweils nach langem Fußmarsch zu großen Menschenmengen. Der Zug schwoll auf seinem Weg zu einer eindrucksvollen Heerschau der Macht gewaltlosen

Ungehorsams an. Noch die verblichenen Fotos atmen die Friedfertigkeit der Atmosphäre und die Furchtlosigkeit der Menschen.

Gandhi bekräftigte beides Abend für Abend in seinen Ansprachen. Er sprach zu Menschen verschiedener Religionszugehörigkeit, die seine Sache zu ihrer eigenen zu machen begannen. Sie schlossen sich dem Mahatma an, weil sie mit ihrer großen Zahl, der Friedfertigkeit ihres Handelns und ihrer Entschlossenheit der symbolischen Gehorsamsverweigerung Energie im eigenen Lande und Respekt in der Welt verschaffen wollten. Es ging ihnen um den Beweis vor aller Augen, daß der Kolonialmacht nichts als Gewalt zu Gebote stand. Und daß diese Gewalt nicht dauern konnte.

Jedes Bild, jede Nachricht von diesem Zug, scheint dieser Botschaft sinnliche Gewißheit zu verleihen. Kein Zweifel kam auf, daß alle eingeladen waren. Nirgends kam es zu Zwischenfällen. Nirgends ließen der Zug oder die Bilder von ihm, die sich im Lande rasch verbreiteten, Furcht aufkommen oder Unsicherheit wachsen. Die Inszenierung verkörperte die Botschaft.

New Delhi, 4. November 1989, 4.00 Uhr morgens. Ajmal Khan Park. Zweitausendfünfhundert Menschen versammeln sich. Darunter dreihundert Freiwillige einer der militanten Hinduorganisationen. Soweit die Berichte verraten, ausnahmslos Hindus. Großer Abschied der geweihten Ziegel zur Errichtung des Ram-Tempels. Sprecher treten auf. Wir schwören bei Gott Ram, wir werden den Tempel dort errichten. Wenn das Blut eines Hindus nicht kocht, so ist es Wasser, nicht Blut.

Fünftausendfünfundvierzig geweihte Ziegel aus Delhi, sechstausend geweihte Ziegel aus dem Nachbarstaat Haryana. Jeweils einige davon in den einzelnen Dörfern und Nachbarschaften demonstrativ mit großer Gebärde zusammengebracht. Auf nach Ayodhya. Die Ladungen, seit dem frühen Morgen emsig aus allen Winkeln herbeigeschafft, verteilen sich auf ein wildes Durcheinander von Dreirädern, Bussen, Lastwagen und was sonst zu beschaffen war. Stets mit dem safranfarbenen Fahnentuch der Hindureligion bedeckt. Von Blumengirlanden umkränzt.

Der Generalsekretär ergreift das Wort. Die Errichtung des Tempels kann nicht verhandelt werden. Am 9. November, elf Uhr wird sie unwiderruflich beginnen. Längst ist die Om-Flagge an der vorbezeichneten Stelle gehißt. Die Hindus haben zu den Waffen gegriffen und nichts wird ihnen Einhalt gebieten.

Die BJP-Partei, sagt der Generalsekretär, ist die einzige politi-

Der Auftakt. II
Delhi 1989. Geweihte Steine werden in einer Prozession
von Delhi nach Ayodhya auf den Weg gebracht.

sche Partei, die der Sache der Hindus treu ist. Scharfe Warnungen
an die Congress-Regierung und die Muslimminderheit. Sollten sie
wagen, den Tempelbau zu behindern, wird ein neues »Mahabha-
rata« geschehen, ein neuer heiliger Krieg.

Die Ziegel werden gesegnet. Der Zug setzt sich in Marsch. Viele
Städte und Dörfer liegen an seinem Weg. Da leben Hindus und
Muslime dicht beieinander und teilen einen prekären Bürgerfrie-
den. Schon haben vorauseilende Aktivisten die safranfarbenen
Dreieckswimpel in Dörfern verteilt. Sie markieren Häuser für den
Pogrom, solange noch Übersicht möglich ist und damit später
keine Zeit vergeudet wird. Weithin sichtbar unterscheiden sie die
Häuser von Freund und Feind. Zum Beispiel das Dorf Tamauri in
Bhagalpur. Die Prozession der Ziegelsteine hat den Ort passiert.
Auf hundert Meter hin Rauch über zerstörten Häusern entlang der
Durchgangsstraße. Einhundertundzehn Familien, die Gebrand-
markten der Om-Flagge sind obdachlos.

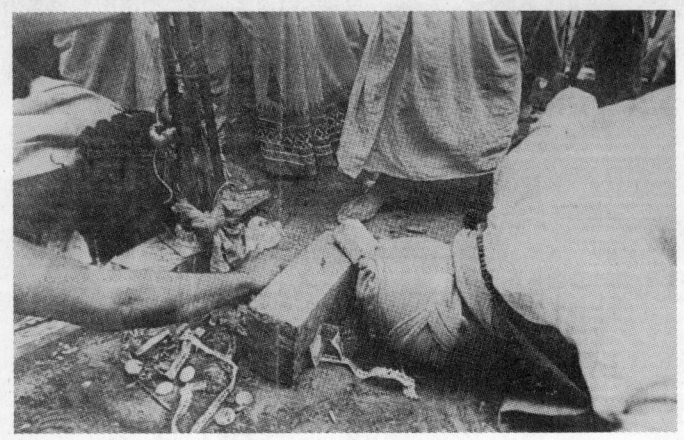

Auf dem Weg

Zum Beispiel das Dorf Chauderi. Die große Zahl der Toten kann nicht genau ermittelt werden. Die Gebrandmarkten sind fast sämtlich getroffen. Die Ortspolizei war hilfreich. Die hatte die Todgeweihten in ihr Gewahrsam genommen, damit das Morden gesichert wäre. Nicht die Nachbarn waren die Mörder. Es waren die Vorkämpfer der Ziegelprozession.

6. November. Schon türmen sich hunderttausend der Prozessionsziegel in Ayodhya. Nun entsenden auch die Muslime ihre Truppen. Ein eigener Ayodhya-Marsch wird auf den Weg gebracht, damit der Platz gehalten werde. Die Wahrheitsverteidiger aller Lager kommen in Bewegung. Zehntausend Freiwillige der Hinduorganisation. Fünftausend entschlossene Kommunisten, damit eine Lanze für die bedrohte Säkularität gebrochen werde. Das Muslimschwadron schwillt auf fünfhundert Kampfentschlossene an. Auch sie vielerorts zeremoniell rekrutiert. Der Staat schickt Polizeitruppen. Paramilitärische Verbände beziehen Stellung. Achtzig Kompanien Sondereinheiten werden ins Feld geführt.

Spannung, Feindseligkeit, Drohung, Ungewißheit, Angst und Tod begleiten den Zug der Steine. Sie lasten auf Ayodhya dumpf und unheilvoll. Sie gehen in alle Richtungen.

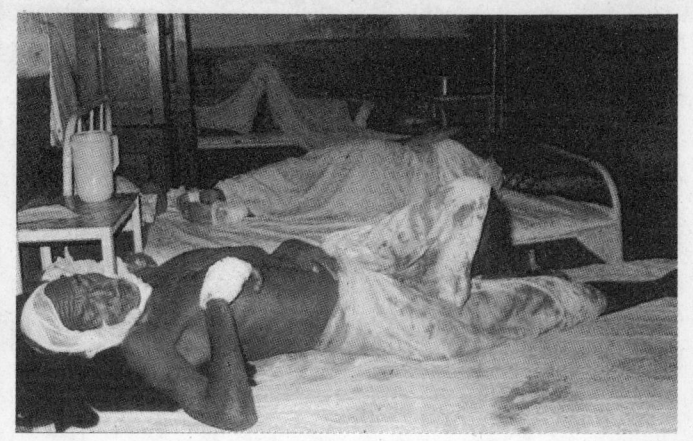

Am Ziel

Der Wahlkampf wird erbarmungslos. Die eine Partei sucht ihren Nutzen im Anheizen der Tempelkampagne, die andere im Widerstand, mehrere im Finassieren. Der Premierminister, selbst kein Hindu, übt sich im Tempel-Hüpfen. Tägliche Fotos von Tempelbesuchen. Der Oppositionskandidat will am Unheilstag nach Ayodhya eilen, um den Frieden zu retten. Stimmungen werden angeheizt, um Stimmen zu mehren. Sorgfältig muß die Lektüre der Berichte sein, und durchdringend der Blick auf die Bilder, wenn einer wissen möchte, ob die großen Parteien im Mittelfeld nun eigentlich für oder gegen den Tempelbau sind. Mehrdeutige Gesten und Auftritte werben und lassen doch das Entscheidende offen.

Schon läßt sich nicht mehr erkennen, ob das tödliche Spektakel inszenierter Entzweiung begonnen wurde, um Wahlen zu entscheiden, oder ob es die Parasiten nur anlockt wie frischer Dung die grünen Fliegen. Die rechtlichen Voraussetzungen der Grundsteinlegung sind noch umstritten, weil ungeklärt ist, wer über den Boden verfügen darf. Alles hängt nun von der Entscheidung der verzweifelt um den Machterhalt kämpfenden Regierung ab. Vier Fünftel der Wahlberechtigten sind Hindus.

Es schien eine geringe Angelegenheit zu sein. Aber die dramatische Art, in der Gandhi seinen Plan ankündigte und durchführte, der Fußmarsch seiner unbewaffneten Anhänger über zweihunderteinundvierzig Meilen, mit Dorfbewohnern, die meilenweit herbeikamen, um am Wegrand niederzuknien, entzündeten die Vorstellungskraft der ganzen Nation und erweckte eine Begeisterung, die niemand vorausgesehen hatte.

Frühmorgens am 6. April, nach dem gewohnten Gebet, ging Gandhi zum Strand von Dandi. Dort nahm er ein wenig Salz auf, das die Meereswellen zurückgelassen hatten. Das Salzmonopol der Briten war vor Zehntausenden von Zeugen am Ort der Handlung und vor den Augen der Weltöffentlichkeit, die die Bilder sah, gebrochen. Die eingeübte Maschinerie der Gewalt einer Jahrhunderte alten Kolonialherrschaft wurde von einer immer höher flutenden Welle gewaltlosen Ungehorsams bedrängt.

Gandhis schlichte Geste wurde zur großen Tat. Ihr folgten unzählige Verstöße gegen das Salzmonopol überall im Lande. Frauen und Männer, einfache Dorfbewohner und gebildete Städter, Sikhs, Hindus, Christen, Muslime gingen zu Tausenden auf die Straße. Sie nahmen Haft, Stockschläge und Gewehrfeuer hin.

Gandhi wurde am 4. März kurz nach Mitternacht verhaftet. Innerhalb weniger Wochen waren beinahe einhunderttausend Menschen im Gefängnis. Die Maschinerie der Gewalt geriet außer Tritt. Die Grundlage der Kolonialherrschaft über Indien war unwiderruflich erschüttert.

Früher Morgen am 9. November in Ayodhya. Eine Entscheidung der Regierungspartei in letzter Minute hat die Grundsteinlegung ermöglicht. Verbeugung vor den Hindufundamentalisten. Die Regierung will Gewaltfreiheit sichern. Verbeugung nach der Gegenseite. Mit einem religiösen Ritual wird der Grundstein gelegt. Der Sprecher ergreift das Wort. Das ist nicht nur der Grundstein für unseren Tempel. Er ist der Grundstein für eine vereinte Hindugesellschaft. Sie vor allem gilt es nun aufzubauen.

Die ortsansässige Bevölkerung hält sich von dem Geschehen fern. Sie feiert ein wenig abseits ein anderes Fest.

Im nächsten Ort protestieren die Kommunisten. Sie bezichtigen die Regierung der Kollaboration. Die Muslimgemeinschaft beklagt den Niedergang der öffentlichen Ordnung.

Tage später die Wahl. So viele Verletzte und Tote gab es noch nie, seit Indien wählt. Das Ergebnis: Drastische Verluste für die Regierungspartei. Gewinne für die große Oppositionspartei. Raketenhafter Aufstieg der fundamentalistischen Hindupartei von beinahe nichts zur Schlüsselrolle im Parlament. Es bedarf der Erläuterung, daß er durch Wahlbündnisse mit der Oppositionspartei geebnet wurde. Die Opposition übernimmt die Regierung. Kommunisten und Hindu-Fundamentalisten tolerieren sie.

Nachspiele. Noch einmal stehen Wahlen an. Es geht um die Macht in acht Bundesländern. Aus der Weltbewegung der Hindus verlautet, die Grundsteinlegung in Ayodhya habe unter ungünstigen Sternen gestanden. Sie müsse wiederholt und dann rasch zur Errichtung des Tempels vollendet werden.

Bilder, Nachrichten, Stellungnahmen kreisen wieder um den Tempel. Gewalt steht zu befürchten. Die Parteien schalten sich ein. Die Verschiebung der erneuten Grundsteinlegung auf eine Zeit nach der Wahl erscheint als Rettung. Hektische Verhandlungen, Inszenierungen, Auftritte, Beschwichtigungen, Drohungen. Schon die Gewandung der entscheidenden Akteure scheint zu belegen, auf welcher Seite die Sache der Hindus am besten aufgehoben ist.

Die Fundamentalistenpartei und ihr Regierungspartner melden Erfolg. Die Hinduweltbewegung hat nach vielen Drohungen und zähen Verhandlungen eingewilligt, die Grundsteinlegung zu verschieben. Die Fundamentalistenpartei kann sich rühmen, Ruhe und Ordnung bis zur Wahl durch ihre guten Beziehungen gerettet zu haben. Der Ministerpräsident kann sich rühmen, die Vereinbarung durch zähen Einsatz und übergreifende Autorität erreicht zu haben. Die Akteure der Tempelbewegung treten in wallenden Hindugewändern aus dem Regierungssitz als Staatspersonen, die ihre Sache schweren Herzens für das Gemeinwesen aufgeschoben haben.

Wieder ein Wahlergebnis. Der Aufstieg der Fundamentalistenpartei hat sich noch einmal beschleunigt. Sie regiert, allein oder mit anderen.

1947. Der Dandi-Marsch hat der Quit-India-Bewegung Glaubwürdigkeit und Kraft verliehen. Zwar wurde das Land geteilt, als die Unabhängigkeit kam. In Indien hat der säkulare Glaube, daß alle Religionen gemeinsam in Frieden leben können, den kurzen gnadenlosen Haß der Gründungsmonate überlebt. Er hat die neue Nation und ihre Entwicklung erst möglich gemacht.

1990. Angst breitet sich aus in Indien. Was wird werden, wenn sich das Spiel der Fundamentalisten verselbständigt? Schon probt der Zauberlehrling mit wachsendem Behagen die angelernten Künste auf eigene Faust. Besorgt fragen sich viele, wie die Risse je wieder zu heilen sind.

Bekenntnisse.
Verführung als Aufklärung

Zum Verführer wird keiner ohne die Absicht der Verführung. Es hat in allen Zeiten gesellschaftlich anerkannte Verführungsverhältnisse gegeben, die keineswegs gänzlich ohne Grund, als didaktische Hinführung der Verführten zur Erkenntnis der Welt antraten.

Die Inszenierung des Scheins einer Wirklichkeit, deren Realität das Interesse ihres Urhebers ist, geschieht nicht ohne den Willen der Täuschung. Wo alle Eingeweihten das wissen, macht der Wille zur Täuschung die Selbsttäuschung der didaktischen Absicht möglich. Wo jedermann sich auf Zehenspitzen stellt, um zu sehen, kann sich keiner ausschließen, der sehen will. Wo alle Prüfer der Fakultät auf jegliche Leistung nur Eins oder Zwei erteilen, würde die zutreffende Drei jedem Kundigen bedeuten, daß eigentlich Fünf gemeint ist. Wer sich als Beteiligter dieser Selbstreflexion entzieht, kann kaum beanspruchen, Gerechtigkeit zu fördern.

Es gibt soziale Verzerrungen, die auch der in Rechnung stellen muß, der sie nicht billigt, wenn er nicht will, daß er aus dem Spiel ausscheidet. Die forensische Verzerrung ist nicht anstößig. Der gute Anwalt lügt nicht. Er verschweigt nur, was gegen seinen Mandanten spricht. Er macht die guten Gründe stark und die guten Seiten groß. Das gehört zu den anerkannten Regeln des gerichtlichen Rollenspiels. Sie täuschen keinen. Jeder kennt sie und stellt sie in Rechnung. Wenn der Anwalt selbst zum Strahlebild, das von ihm erwartet wird, auch noch die Fratze enthüllte, die doch jeder auch ist, könnte er, gerade weil er wahrhaftig wird, kaum anders als falsch verstanden werden. Das mindeste Mißverständnis wäre der allseitige sofortige Durchblick, wenn der das schon sagt, was muß dann erst von ihm verschwiegen sein.

Die Verzerrungsgleichung zu ignorieren heißt in sozialen Verzerrungszusammenhängen unweigerlich, der verzerrten Wahrnehmung Vorschub zu leisten.

Die Inszenierung des Scheins wäre nicht Verführung oder Täuschung, wenn sie bloß Verzerrungsgleichungen zur Geltung brächte. Das konservative Lamento, die Welt werde zur »Medieninszenierung«, weil sie den öffentlichen Akteuren das permanente Rollenspiel abverlangt, ihre wirkliche Rolle um der Medien willen zu »verdichten«, geht an dem, was die Inszenierung zur Täuschung macht, vorbei. »Jeder, der in unserer Medienkultur wahrgenommen werden will, muß übertreiben.« Soziale Rollenzuweisung, allgegenwärtige Interessen- oder Gruppenrepräsentanz, Mode, die Einflußnahme der künstlichen Intelligenz auf technische, ökonomische, politische und kulturelle Entscheidungen und allenthalben das Image-building der PR-Büros und -Agenturen zwingen jedermann, der sich nicht aufs Land zurückzieht, in die distanzlose öffentliche Darstellung. »Jeder Mann ist zur Selbstdarstellung aufgerufen, wenn das Auge der Kamera zusieht... Medienwirklichkeit ist die permanente Höchstform.« (Thomas, S. 20)

Wäre es nur das, dann ginge es bei der ganzen beklagten Medieninszenierung um nicht viel mehr als ein leicht zu durchschauendes Rollenspiel. So wie es in den unteren Graden der Werbung geschieht, wo der gepriesene Schluck gleich glücklich machen soll, von dem doch jeder weiß, daß er bestenfalls nur schmeckt.

Bei der Inszenierung des Scheins geht es nicht um Übertreibungen. Es geht um den organisierten, systematisch erfolgreichen Versuch, falsche Fakten vorzutäuschen. Und es geht um mehr. Das allgemeine Bewußtsein, daß viele an diesem Spiel beteiligt sind, schlägt *in reflexive Formen des Umgangs mit der Täuschung* um. Aus den landläufigen Verzerrungszusammenhängen, die man kennt und zu handhaben weiß, werden reflexive Verstellungen, die das Mitspielen auch noch mit dem Schein der didaktischen Absicht umgibt. Ein Schein zweiter Ordnung, der den inszenierten Medienschein ins Recht der eigentlichen Wirklichkeit setzen möchte.

Alfred Herrhausen hat kurz vor seiner Ermordung die Karten offengelegt. Er hat ein Plädoyer für die Inszenierung formuliert, das der Großwirtschaft helfen soll, ihr Bild nicht länger durch die Informationen und Analysen prägen zu lassen, die die Zeitungen liefern, sondern durch das Bild der Menschen, die ihre Schalthebel bedienen. Herrhausen hat sich selbst als Mensch vorgeführt, damit das Odium von seiner Bank genommen wird, denn wer ihm in seiner *öffentlichen Privatheit* zuschaut, könne kaum dem Eindruck erliegen wollen, er sei nur von Rücksichtslosigkeit, Egoismus, Aggressivität, Machtwille oder Schlimmerem getrieben. Das glaubhafte Bild vom Menschen, bedacht inszeniert und dennoch als Bild authentischer als Vermutungen über Motive und Wirkungen der Großwirtschaft, sollte stärker sein als anfechtbares Wissen.

Form und Format, in denen sich die Person des Unternehmers in den Medien darzustellen vermag, wirken als empirischer Beleg für Zwecke und Erfolg der Firma. Herrhausen hat seine Kollegen aufgerufen, die Zeichen der Zeit zu erkennen.

Die Vitalität der inszenierten Persönlichkeit verkörpert sinnfällig – wenn auch gewiß nicht für die Insider des Geschäfts selbst – die Dynamik des Unternehmens, ihre Weltläufigkeit dessen globale Allgegenwart, ihre Umsicht dessen Weitblick, ihre Bildung dessen Verantwortung und ihre Kultur dessen Sensibilität.

Die Leser und Hörer sollen meinen, nicht in den wechselnden Kommentaren der Wirtschaftsabteilung, sondern im authentischen Bild des Steuermanns, wie er an und für sich selber ist, den Blick hinter die verwirrenden Kulissen der Kapitalentfaltung zu tun. Das Medienartefakt als Ding an sich hinter den unsicheren Erscheinungen.

Daß nämlich die Anzeigen, mit denen die Farbwerke Hoechst sich als Umweltpionier empfehlen und die chemische Industrie als Anwalt des Lebens Ausgeburten mietbarer Kreativität sind, weiß schließlich jedes Kind. Darüber gehen Adressaten und Urheber bloßer Werbung inzwischen wissend hinweg, auch wenn die Routine weiterläuft. Auch die Wiederholung bringt noch immer Punkte. Selbst was mit dem ersten Blick und dem flüchtigen Überblick zugleich durchschaut ist, hinterläßt gewisse Zweifel. So ganz kann man es schließlich nie wissen.

Aber der große Chef in der Schein-Intimität seiner Live-Auftritte oder der vermeintlichen Privatheit seiner Antworten zur Person im Interview, das seine geheimsten Gedanken wie in einem naturwissenschaftlichen Experiment zutage und vor Augen fördert, das ist doch ein lebendiger Beweis. Eine augenfällige Realität hinter dem unübersichtlichen Riesengetriebe widerstreitender Anfechtbarkeiten über Gut und Böse, die von ihm ausgehen sollen.

Wann haben wir uns je dafür interessiert, was der Chef von Bosch abends liest und was der Herr der Deutschen Bank eigentlich werden wollte. – Aber nun wird uns vor Augen geführt, daß er auch als Chef der größten Geschäftsbank geblieben ist, was er eigentlich hat werden wollen. Auf seine Art, wenn auch in verfremdetem Milieu, ein Philosoph. Wer seinen Sinnen noch traut, erlebt nun selbst, daß zwischen dem, was die Deutsche Bank auf ihrem Felde will, und dem, was ihr Chef hat werden wollen, der Unterschied viel kleiner ist, als man zuerst gedacht hat. Vorwürfe, wie die des schieren Profitinteresses oder der skrupellosen Machtentfaltung, verblassen zu abstrakten Anwürfen vor der Realität des lebendigen Mannes und der Preisgabe dessen, was ihn wirklich treibt. Die Realität der leibhaftigen Person und ihre offenkundig authentische Selbstdarstellung sind handgreiflichere Fakten als die Meinungen der Journalisten über mögliche Folgen des Treibens seiner Firma.

Die sinnliche Erscheinung des zugleich verhinderten und bei der Stange gebliebenen Philosophen ist realer als jede Meinung der widerstreitenden Rezensenten seines Wirkens im unüberschaubaren Feld der Finanzwirtschaft. Das weiß er selbst am besten. Und die, welche entscheiden, ob er oder ein anderer die Firma öffentlich verkörpert, wissen es längst. Sie müßten mit Blindheit geschlagen sein, würden sie nicht in einer Welt, in der visuelle Medien bestimmen, was die Wirklichkeit für uns ist, ihre Kandidaten schon bei der Auswahl mit den Augen gesehen haben, mit denen wir ihn dann sehen sollen. Daß er auch rechnen, planen, bulldozen kann und was sonst zum operativen Geschäft gehört, versteht sich von selbst. Die Kompetenz zur Selbstinszenierung löst die älteren Geschäftskompetenzen nicht ab, sie vollendet sie nur entscheidend.

Da aber nun einmal die Gebildeten unter den Adressaten des inszenierten Scheins der Wirklichkeit der Macht die Regeln des Spiels so gut kennen wie seine Regisseure, werden sie hinter die Bühne gebeten, um selbst zu sehen, daß genaugenommen doch alles mit rechten Dingen zugeht. Mögen sich die Kinder des Paradieses im Olymp mit dem Auftritt begnügen. Für die Ketzer gibt es einen Blick aufs Drehbuch, damit sie nicht mißverstehen, wie es eigentlich gemeint ist.

Inszenierung zweiter Ordnung. Selbst noch die Darstellung der Inszenierung wird inszeniert. Der Blick hinter die Kulisse, der die Inszenierung anscheinend relativiert, immunisiert sie in Wahrheit. Die *Metainszenierung* macht die Frage, was Realität und was Interesse ist am Schein, beinahe unentscheidbar. Der Bankchef äußert sich öffentlich über die Unvermeidbarkeit öffentlicher

Selbstinszenierung und zitiert zum Beweis einschlägige Wissenschaft – »Die Inszenierung von Wirklichkeit, die den Alltag der Medienwelt ausmacht – nicht von ungefähr heißen sie ja Medien –, zwingt jedermann zur Selbstdarstellung. Es sind Rollen, die da gespielt werden, weil eine zuschauende und zuhörende Öffentlichkeit dies erwartet.« Der Herr der Deutschen Bank zitiert den esoterischen Kritiker der Macht. Baudrillard, der abgründige Metaphysiker der inszenierten Realität, wird zum Kronzeugen für die Legitimität der Inszenierung.

Man möge es der Macht schon glauben. Naiv ist sie nicht. Sie kennt den allerletzten Stand der Kritik an der Welt als Inszenierung und scheint sie zu teilen. Sie spekuliert auch nicht auf die Naivität der anderen, sondern bietet Gründe. Und sie weiß, die anderen wissen, in Inszenierung gefügte Wirklichkeit ist immer mehr als bloße Verdichtung in einer Welt, die ohne Medien nicht zur Wirklichkeit gelangen kann. Und das geht so. »Dabei zeigt sich die angesichts der komplexen Wirklichkeit oftmals unvermeidliche Fragmentierung der Sachverhalte, für die die Menschen wegen der intellektuellen Entropie nach Orten der Gewißheit suchen. Solche Orte vermuten sie in den Medien, die mit ihrer subtilen Kodifizierung auch dort Verstehen vermitteln (müssen), wo die Wirklichkeit uns schwer verständlich ist ... Ich bekenne, diese konstruierte Evidenz bereitet uns Schwierigkeiten. Denn sie erlegt uns eine zweite Sicht und Verhaltensweise auf, an die wir noch nicht gewohnt sind. Neben der Alltagspflicht nüchterner Realitätsbewältigung ... geht es um die engagierte Vermittlung unumstößlicher, wenngleich nur simulierter, Realitätsgewißheit. Das ist schwer, weil jetzt nicht mehr Inhalte bestimmen, sondern die Art und Weise ihres formalen und personalen Transports.« (Herrhausen, *TAZ*, 2. 12. 89)

Angesichts des Abgrunds, der sich da auftut, geht der Autor, wie erschrocken von der eigenen Einsicht und dem Wagemut, sie öffentlich zu vermitteln, einen entscheidenden Schritt zurück. Was die eigene Person anbetrifft, so soll die Selbstdarstellung doch lieber nur »Transport« einer an sich seienden Wirklichkeit und nicht Produkt »nur simulierter Realitätsgewißheit« sein.

Herrhausen möchte beides. Er will, und andere sollen es ihm gleichtun, seine eigene Person in den Medien präsentieren. Seine Person soll widerlegen, was die Öffentlichkeit seiner Bank zutraut. Es soll authentisches Erlebnis werden, »daß ein Mensch in meiner

Position nicht machtbesessen, nicht konspirativ, maßlos ehrgeizig, geld- und ämtergierig, publizitätssüchtig ist – um schlimmere Epitheta beiseite zu lassen«. Als wenn nicht für jeden seiner Kollegen, der es vielleicht nicht ist, einer gestellt werden könnte, der es gewiß ist. Und als wenn nicht die Firma das alles sein kann, auch wenn ihre Betreiber es persönlich nicht sein möchten.

Schon in der Person, die sich so präsentieren kann, auch wenn es ganz andere gibt und über die Firma mit dieser Auswahl nichts Entscheidbares gesagt ist, besteht die Inszenierung eines täuschenden Scheins. Und doch soll die Inszenierung nur Aufklärung sein, weil wir etwas über die Firma erfahren, was wir nicht wußten.

Der bildhaft reale Eindruck der lauter erscheinenden Person wird angesichts wachsender Kritik entfesselter Wirtschaftsmacht eine »ständige unternehmerische Aufgabe«. Die Medien sollen als »Partner« des Unternehmers erkannt werden.

Den Aufruf zur permanenten Selbstinszenierung verfaßt Herrhausen mit dem besten Gewissen der Vermittlung des letzten Standes der Aufklärung über das Wesen der Gesellschaft, in der wir leben. In der »Informationsgesellschaft« sei eben Wirklichkeit niemals mehr pur zu haben. Aus der unbewältigten Fülle des einzelnen ergibt sie sich erst als »inszenierte«. Der Verzicht auf Inszenierung wäre das Versäumnis, Wirklichkeit zu vermitteln. Eine um so törichtere Haltung, wo doch die anderen das Geschäft auf ihre Weise immer schon betreiben. »Jeder steht auf der Bühne des durchgestylten Rollenspiels repräsentierter Interessen.«

Die Macht entblößt das Geheimnis ihrer Selbstinszenierung als guter Wille öffentlich. Die Inszenierung inszeniert ihre eigenen Handgriffe. Der Schein wird ununterscheidbar von Wirklichkeit. Er scheint wirklicher als das, was wir vordergründig für Wirklichkeit halten. Täuschung schlägt in Aufklärung um.

Maskerade. Die Selbstwiderlegung der Inszenierung

Symbolische Inszenierung, die die Regeln der Regie verletzt, indem sie sie, sei es aus Eifer, Plumpheit oder Mangel an professioneller Kompetenz, in der Verführung selbst noch sichtbar werden läßt, widerlegt sich selbst. Das ist das Medienschicksal eines Virtuosen der Maskerade wie Norbert Blüm bei uns und anderen anderswo.

Der Karnevalist

Was als symbolische Inszenierung gemeint ist, aber nur Maskerade ist, die schon der erste Blick durchschaut, verstimmt. Es verstimmt den Betrachter, der sich gefoppt fühlt, weil er spürt, wohin er geschoben werden soll. Es verstimmt die Medien, die sich der Klasse beraubt sehen, wenn sie nur überbringen sollen, was der einsame Virtuose sich für sie ausgedacht hat.

Sie geben ihn der Lächerlichkeit preis und enthüllen nun ihrerseits das Spiel der Öffentlichkeit. Nun wird der ungekonnte Inszenierungsversuch selbst zur Nachricht. Die Medien thematisieren das Ansinnen der üblichen Medien-Politiker-Symbiose und weisen es ironisch zurück. So wie der *Spiegel* in einer Serie abge-

Der Mutige

schmackter Bilder die allzu vordergründigen Serieninszenierungen Blüms in ihrer plumpen Technik bloßstellte. Das ist nicht nur eine gute Nachricht. Es immunisiert das Gewerbe.

Das Medium, das den Scharlatan an den Pranger stellt, der mit allzu fixen Bildern blenden wollte, wirkt dadurch zugleich als der Wächter, der Sorge trägt, daß der allzu flott gemachte Schein nicht für Wirklichkeit genommen wird. Es opfert ein Leben den Göttern, damit sie das Leben schonen.

9. Kanon für die Regie.
Formen symbolischer Politik

Strategien der Inszenierung

Symbolische Politik ist Ausdruck systematisch verzerrter Kommunikation und nutzt sie rückverstärkend aus. Sie beruht auf der Ungleichheit der Verteilung von Kommunikationschancen. Auf dem ungleichen Zugang zu den Medien der Veröffentlichung. Und auf der ungleichen Möglichkeit, Voraussetzungen und Folgen einzelner Kommunikationen zu überschauen. Sie gedeiht auf dem Nährboden der Konstruktion der Welt in den Bildern der Medien. Sie ist aber weder mit ihr identisch noch ihre unmittelbare Folge.

Symbolische Politik von oben nutzt die Asymmetrie der Kommunikationschancen für strategisches Handeln in den Formen von vorgeblicher Kommunikation. Es geht ihr um die Durchsetzung von Zwecken, über die ein wahrhaftiger Austausch von Informationen und Argumenten gerade verweigert wird.

Symbolische Politik von unten nutzt die Gesetze der Erzeugung der Weltbilder in den Medien gegen den Strich, um die Kommunikation den verweigerten Gleichheitsbedingungen wieder anzunähern. Symbolische Politik ist Kommunikation, die sich als Handeln verstellt.

Es gehört zu den eigentümlichen Verstellungen symbolischer Politik, daß sie auch von unten lanciert werden kann, wenn sie von oben kommt und umgekehrt.

Symbolische Politik von oben

Symbolische Aktion

Die Reinform symbolischer Politik ist die symbolische Aktion. Reagans Auftritt in Schulklassen, während er den Bildungsetat kürzen ließ, Blüms Konfrontation mit Pinochet, während seine Partei gute Arbeitsbeziehungen zu diesem pflegte, sind Beispiele. Symbolische Aktionen erzeugen durch die Sinnfälligkeit einer wirklichen Einzelhandlung den beweisähnlichen Schein von Absichten und Handlungsfolgen. Die Unterschlagung dessen, was die Aktion durch den zwingenden Augenschein in Ansicht stellt, gehört zum Design.

Symbolische Aktionen sind keine Lügen und keine Ideologien. Sie stellen keine ausdrücklichen Behauptungen auf. Sie sind mehr als nur Lügen, weil sie in den konstruierten Aktionen den augenscheinlichen Beweis für Handlungen erbringen, deren Unterlassung sie gerade beabsichtigen. Die Augenfälligkeit der Inszenierung entrückt die Absichtserklärung dem Diskurs und läßt sie gleichzeitig mit der überlegenen Wucht der sinnlichen Wahrnehmung ihres Vollzugs als Erlebnis erscheinen.

Symbolische Aktionen sind eine zynische Form der Kommunikationssteuerung durch die technische Erzeugung von Wahrnehmungsillusion.

Symbolische Gesetzgebung

Symbolische Gesetzgebung als Stilmittel strategischer Kommunikationsverzerrung beschränkt sich nicht auf Gesetze allein. Die Vortäuschung entschiedenen Handelns der politischen Macht, wo dieses gerade nicht beabsichtigt, nicht möglich oder überflüssig ist, kann auch durch Erlasse, Verordnungen, Reglementierungen geschehen, die demonstrativ öffentlich gemacht werden.

Wie überall sind die Grenzen fließend und die Motive liegen nirgends zutage. Der Unterschied zwischen einem Gesetz, dessen Wirksamkeit zielstrebig organisiert, aber nur bedingt erreicht wird, und einem, das an die Stelle zielstrebiger Praxis tritt, ist gleichwohl offenkundig.

Symbolische Gesetzgebung, Inszenierung des Scheins von Handlung, sind daher nicht solche Gesetze, die vor allem auf Sensibilisierung der Öffentlichkeit zielen, obgleich sie die Mittel umfassender Sanktion noch nicht bereitstellen können. Deren aufklärenden Effekt, wenn sie ihn auslösen können, und die Ernsthaftigkeit der Sanktion, soweit die Kräfte reichen, sind instrumentelles Handeln zu überprüfbaren und der öffentlichen Debatte zugänglichen Zwecken.

Ein Smogalarm, auf den nichts folgt, ein Gesetz zur Behandlung von Fischkonserven, die in jedem Falle erfolgen würde, ein Gesetz gegen Kinderarbeit, das auch die, ohne mit der Wimper zu zucken, unentwegt verletzen, die seine Einhaltung überwachen sollen, sind Gesetzgebung als Placebo-Politik. Sie inszenieren den Schein von entschlossenem Handeln, wo Handeln nicht beabsichtigt ist, um alles beim alten zu lassen.

Symbolische Personalisierung

Wo Programme fehlen oder nicht zur Diskussion gestellt werden sollen, werden Personen als Programmersatz inszeniert. Themenlose Politik, die zur künstlich drapierten Person des Politikers als Ersatzthema greifen läßt, kann dem Mangel attraktiver Themen entspringen. Aber ebenso dem Willen, die Themen, um die es eigentlich geht, der öffentlichen Debatte zu entziehen, oder die mangelnde Sachkompetenz der Person, um die es geht, zu verdekken.

Inszenierung des Scheins durch Personalisierung ist nicht die Konzentration einer Kampagne auf die beteiligten Personen. Erst die willkürliche Projektion von Kompetenz auf Personen durch anschauliches Verhalten allein oder die Verbreitung der Suggestion, es ginge nicht um Themen, sondern nur um die Integrität von Personen, macht sie dazu. Die Person wird nicht gezeigt, sondern erzeugt. Sie tritt nicht zum Thema hinzu, sondern ersetzt es. Sie entfaltet sich nicht in ihren Zielen, Motiven und Argumenten, sondern scheint etwas zu verkörpern, das über jenen Diskurs hinausgreift und ihm den Rang abläuft. Der Kunstkörper der Person, das inszenierte Image, wird strategisch geplant und der Person nur angesonnen. Sie übt sich in ein Kunstbild ihrer selbst ein, statt sich bloß ins Bild zu bringen.

Symbolische Personalisierung ist nicht nur die Übertreibung der Rolle der Person in der Politik, sondern immer auch die Produktion von Scheinpersonen. Personen werden geplant wie Produkte. Rollen werden trainiert wie technische Fertigkeiten. Die Person instrumentalisiert sich selbst, um ihre Zwecke zu erreichen.

Die Diktatur der Intimität, die Richard Sennett beschrieben hat, ist der Ratgeber des Erfolgs. Wo die Verhältnisse unüberschaubar werden, scheinen Personen allein noch verständlich und verläßlich. Wo Folgen des Handelns und die Eigenart öffentlicher Rollen fern und fremd bleiben, übernehmen die Maßstäbe der Intimität, was einer für ein Mensch zu sein scheint, die Rolle von

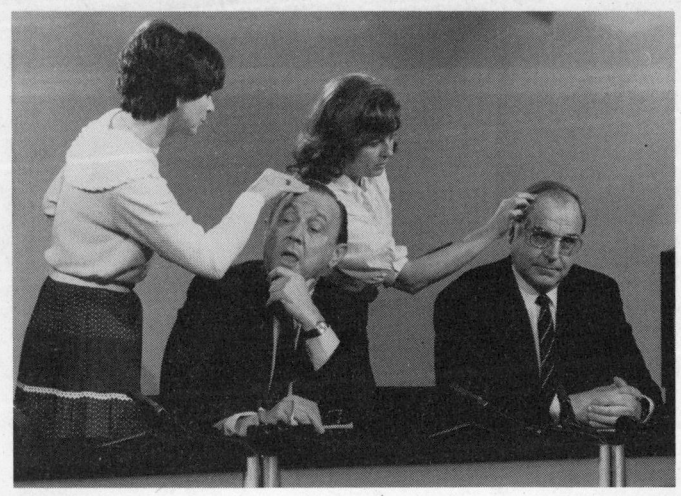

Ersatzkriterien des Urteils. In ihnen scheinen sachliche und moralische Motive handgreiflich verbunden.

Die politische Staatsklasse tendiert heute zu anonymem Spezialistentum auf ausgewählten Feldern. Ihre Angehörigen, die Abgeordneten zumal, bilden nur als Ganzes ein handlungsfähiges Subjekt. Der einzelne Abgeordnete überschaut zwei, drei Gebiete und überläßt sich ansonsten dem Rat der Zuständigen. Das weiß jeder von ihnen und hütet sich, sein Konto da, wo jeder jeden kennt, zu überziehen. Nur zu Hause, im Wahlkreis, spielen sie eine Allkompetenz, die sie nicht haben können. Dies ist die kleine Inszenierung aus Verlegenheit.

Die große Inszenierung bleibt den Spitzenkandidaten überlassen. Sie machen sich zum sorgfältig konstruierten Kunstprodukt, um Nähe zu suggerieren, Kompetenz zu fingieren oder Souveränität auszustrahlen, die in ihrer Art und Dosierung nach strategischen Kalkülen ersonnen sind. Die Person selbst wird zum Symbol für etwas, das sie weder ist noch einlösen könnte.

In mehr als einer Hinsicht schrumpfen die politischen Handlungs-alternativen in komplexen Gesellschaften auf einen kleiner wer-denden »Gestaltungsrest« zusammen (Carl Böhret). Für den kleinen Unterschied, der bleibt, ist in einem wahrhaftigen Dis-kurs, auch wenn er forensisch kräftig zugespitzt würde, weder viel Aufmerksamkeit noch große Begeisterung zu entfachen. Die Mühsal der nüchternen Differenzierung, so lautet die Kalkulation der professionellen Öffentlichkeitsarbeiter der Parteien, kostet großen Aufwand und bringt nur kleine Erfolge. In leiser Tonart sind womöglich noch nicht einmal die Unterschiede zu vermit-teln, die wirklich noch bestehen.

So geraten die Akteure in der Not der unübersichtlichen Ver-hältnisse unter den Eindruck, sie müßten gezielt den falschen Schein ideologischer Gegensätze produzieren. Als ginge es bei jeder Gesetzesnovelle um Gut und Böse, Heil und Unheil, um das Schicksal des Ganzen. Nur so könnten inmitten der lauten Be-triebsgeräusche normaler Medienöffentlichkeit noch die verschie-denen Tonarten der Parteipolitik hörbar gemacht werden. Ulrich Sarcinelli hat den Zweck dieser Inszenierung auf den Begriff ge-bracht, »Fiktion der politischen Fundamentalalternative« (Sarci-nelli 1987, S. 144ff.). Sie erzeugt den Schein ideologischer Gegen-sätze, wo sie nicht bestehen.

Symbolische Ideologisierung unterscheidet sich von der foren-sischen Zuspitzung, die der gute Anwalt seiner Sache unterzieht, wesentlich. Während die forensische Zuspitzung die guten Eigen-schaften des Klienten großschreibt und die schlechten klein, erfin-det die ideologische Inszenierung Eigenschaften und Gegensätze, die in Wahrheit gegenstandslos sind. Freiheit statt Sozialismus, Friedensfähigkeit statt Friedenswilligkeit.

Sie greift auf das historische Repertoire aus den Anfangstagen der Moderne zurück, als Liberalismus, Konservatismus, Sozialis-mus und was danach an puren Gegengiften zum Bestehenden noch ins Spiel gebracht wurde, wie Feuer und Wasser gegeneinander standen. Nun ist in den komplexen Gesellschaften des Westens der Grundkonsens überwältigend, so entscheidend die verbliebenen Unterschiede für das Lebensschicksal und die Zukunft der Gesell-schaft auch noch immer sein mögen. Es geht aber nicht mehr um Markt oder Plan, gesellschaftliches oder Privateigentum, Obrigkeitsstaat oder Demokratie, Bildung für alle oder Klassenbildung. Es geht um Varianten des gesteuerten Marktes, des Sozialstaats, des offenen Bildungssystems, der Friedenssicherung, der Finanzpolitik, der Technologieförderung, der Umweltschonung und was sonst.

Unter diesen Umständen ist die Darstellung der politischen Streitfragen in der hemmungslosen Sprache der frühen Ideologien inszenierter Schein. Sie beschwört Alternativen, um die es nicht geht, und erzeugt eine erlogene Übersichtlichkeit. Sie brandmarkt die politische Alternative als Anschlag auf das Gemeinwohl und führt zu einer falschen Moralisierung der Debatte.

Sie will nicht durch Zuspitzung Diskurse provozieren, sondern durch falsche moralische Polarisierung unterbrechen.

Sie zielt auf Gefolgschaft statt Diskurs, Identifikation statt Mündigkeit. Sie erzeugt den Schein einer Kontroverse, um die es gar nicht geht.

Symbolische Debatte

In Wahlkämpfen vor allem, wenn auch keineswegs in ihnen allein, geben sich Parteien einer ausgeprägten Neigung hin, Sachkontroversen zu inszenieren, die in Wahrheit gegenstandslos sind. Sie werden anhand von Pseudoanlässen hochgezogen, wenn sie die Ausnutzung verbreiteter Vorurteile über die gegnerischen Parteien ermöglichen.

Zum Beispiel die endlose Debatte über eine vermeintliche »Fahndungspanne« im Bundestagswahlkampf 1980. Weil zwei Mitglieder der Baader-Meinhof-Gruppe zwar lange observiert, aber dann doch nicht festgenommen werden konnten, erhob die CDU gegen die SPD und den von ihr geführten Senat Hamburgs den Vorwurf der Unfähigkeit zu wirksamer Terrorismusbekämpfung. Er gipfelte in der Attacke, nun sei der FDP-Innenminister Baum zum »Sicherheitsrisiko eins« der Republik geworden. Bundeskanzler Schmidt zeige Führungsschwäche, weil er kein Machtwort dazu sage (Sarcinelli 1987, S. 129ff.). Es gehe aber bei der Bekämpfung des Terrorismus um eine Überlebensfrage des Rechtsstaats.

Die Frage dabei ist gar nicht, ob wirklich ein Fahndungsfehler vorlag oder nicht. Es geht darum, daß ein Vorfall, der dies in keiner vertretbaren Interpretation hergibt, für die Inszenierung einer symbolischen Debatte benutzt wurde, die hoch emotionalisiert über Monate hinweg als Hauptthema der Tagesordnung geführt wurde, obgleich sie in der Realität nicht die geringste Entsprechung hatte. Observierte können entwischen, und am Willen der zuständigen Behörden, sie zu fassen, konnte kein ernsthafter Zweifel bestehen.

Dieser Art der Inszenierung, mit fließenden Grenzen zur bloßen Aufblähung kleiner Anlässe, liegt eine rationale Kalkulation zugrunde. Sie ergreifen oder schaffen Gelegenheiten, ein Image auszunutzen, das der Gegner schon hat, oder ihm eins aufzuprägen, von dem erwartet werden darf, daß es ihn beim Wahlvolk in handfesten Mißkredit bringt. Im vorliegenden Fall ließen sich zwei Imageelemente wirksam verknüpfen. Die SPD sei nicht in der Lage, die Sicherheit des Staats zu garantieren. Zu Staatsräson nicht tauglich. Und das, wie zu vermuten ist, weil sie an ihren Rändern selber in Richtung Linksextremismus ausfranse und darum den entschiedenen Willen zum Kampf gegen den sich links gebenden Terrorismus auch gar nicht aufbringen könne, womöglich wolle.

Inszenierte symbolische Debatten sind wohlkalkulierte Strategien, meist auf der Basis sorgfältiger empirischer Recherche, um von Themen, um die es eigentlich geht, nach Bedarf wirksam ablenken zu können. Sie kapitalisieren Vorurteile und züchten sie. Sie lenken die Aufmerksamkeit fast nach Belieben auf Themen, aus denen sich maximaler Stimmungs- und Stimmengewinn schlagen läßt. Sie sind eine vorbedachte Täuschung der Öffentlichkeit nach strategischem Kalkül. Zu ihr gehört deren jederzeit verfügbares Potential zur Verdrängung unliebsamer Themen von der Tagesordnung. Ihre Macht beruht zu gutem Teil auf ihrer negativen Kraft des symbolischen Verschwindenlassens realer Angelegenheiten. Sie wirken wie ein disponibler Radiergummi auf der politischen Tagesordnung.

Symbolische Verrechtlichung

Von Fall zu Fall kann es Parteizentralen geraten erscheinen, nicht die Themen der Kontroverse, sondern die Art, wie der Gegner diese führt, zum Thema der Kontroverse zu machen. Auch wenn alle Beteiligten im selben Glashaus sitzen und darum das Verfahren ohne wirkliche Fundierung ist.

Wenn die Themen unbequem werden oder die Verlagerung der Debatte auf die Metaebene Punktgewinne verspricht, liegt ein solches Verfahren nahe. Dann wird die Sachkontroverse, bei der man immerhin noch verschiedener Meinung sein darf, als Rechtskontroverse inszeniert, bei der es um Recht oder Unrecht geht und der Gegner in die Rolle des Angeklagten versetzt wird. Nun geht es um Verteidigung oder Bruch des Rechts.

Es muß nicht um förmlichen Rechtsstreit vor Gericht gehen, und nicht um die fortwährende Anrufung des Verfassungsgerichts als symbolische Demonstration, daß der Gegner den Rechtskonsens verlassen habe. Sarcinelli hat in einer aufschlußreichen Fallstudie gezeigt, wie im Bundestagswahlkampf 1980 die Parteien die neutrale Wahlkampfschiedsstelle systematisch in ihre Strategien einbauten, statt sie, wozu sie eingerichtet war, als Richterin über diese zu respektieren.

In all diesen Fällen wird der Rechtsstreit, auch wenn er tatsächlich aussichtslos ist, instrumentalisiert, um in vermeintlich vorteilhafter Lage die Berichterstattung über ihn zur Brandmarkung des Gegners als notorischen Rechtsverletzer zu nutzen.

Da Verfahren ja tatsächlich stattfinden und immer wieder Nachrichten zum Thema produzieren, wirken Inszenierungen dieser Art über längere Zeiträume hinweg fast wie ein perpetuum mobile der fortlaufenden Produktion des symbolischen Scheins. Sie haben zudem den Vorteil, daß die Aktivitäten der Gerichte oder Schiedstellen, was immer das tatsächliche Geschehen doch auch sein mag, ja unstreitig Elemente der wirklichen Welt sind. Dadurch gewinnt symbolische Inszenierung auf diesem Feld eine unabweisliche Autorität als Wirklichkeit.

Daß sie sich mit einer Sache befassen, mag Produkt versierter Inszenierung sein. Was vom Augenblick ihrer Einschaltung an läuft, ist Realität, auch wenn deren Präsentation und Deutung von der Inszenierungskunst vorgeplant und in Regie genommen wird. Die Inszenierung symbolischer Verrechtlichung oszilliert daher auf raffinierte Weise zwischen symbolischer Konstruktion und realer Welt und baut diese ganz unabhängig von den Ergebnissen des Verfahrens zu günstiger Zeit in ihre Fiktionen ein, um deren Realitätswert unanfechtbar unter Beweis zu stellen. So verbinden sie mit dem Vorteil der Anprangerung des Gegners als Rechtsbrecher den des immunisierten Realismus.

Symbolische Politik von unten

Symbolische Regelverletzung

Symbolische Politik ist strategische Kommunikationsverzerrung zu Herrschaftszwecken. Sie produziert zwingende Bilder oder Scheinkonstellationen, denen die Realentsprechung, die sie vergegenwärtigen, fehlt. Sie setzt unter den Bedingungen der Massenkommunikation einen privilegierten Zutritt zu deren Bühnen voraus.

Symbolische Inszenierung von unten ist daher nur als eine Ausnahme möglich. Ziviler Ungehorsam ist symbolische Politik von unten, aber eine, die durch öffentliche Selbstthematisierung den Schein, den sie hervorbringt, selbst wieder aufhebt. Sie nutzt die Gesetze der wirksamen Medienpräsenz, um verdrängten Themen dramatische Öffentlichkeit zu verschaffen, und sorgt durch das Arrangement ihrer Inszenierungen und deren Interpretation dafür, daß der im Handeln erzeugte Schein nur zu dem Zweck genutzt wird, den politischen Diskurs wiederherzustellen. Sie nutzt die Regeln der Regie der Wahrnehmung, nicht um Fakten oder Argumente vorzutäuschen, sondern um ein gefährdetes Gespräch zu retten. Sie macht den symbolischen Status ihrer Aktionen selbst noch zum Gegenstand des Arrangements der Inszenierung.

Symbolische Politik von unten, die den Aufstand dramatisch spielt, um den Konsens wiederherzustellen, ist ein Grenzfall. Sie ist immer transitorisch, denn sie geht, während sie den Schein produziert, in dessen öffentliche Demontage und damit in ein Dialogangebot über. Sie ist symbolische Politik, die den Schein, den sie erzeugt, durchschaubar macht und sich selbst im Prozeß der Inszenierung aufhebt.

Symbolische Politik von oben und unten zugleich

Noch einmal Brandt am Warschauer Ghetto-Denkmal. Der Kniefall des Staatsmannes, der ein Verfolgter gewesen war. Eine Handlung als Symbol, die einen Diskurs zu einem anschaulichen Bild verdichtet, der so komplex und eindeutig zugleich kaum zu führen wäre. Der Staatsmann wird kniefällig. Da hat einer die Position der Macht, auf die alle schauen, genutzt, mit einer Geste von unten Nachdenklichkeit auf beiden Seiten freizusetzen. Er hat vorgeführt, mit welcher Haltung dieser Dialog der durch ihre Geschichte Ungleichen angemessen zu führen wäre, um wieder zu Gleichheit von Respekt und Würde zu finden.

Geplant oder nicht geplant, wer könnte das sicher wissen? Machte das für die Handlung selbst und ihre öffentliche Wahrnehmung irgendeinen Unterschied? Solange es offenbleibt, unterstellen die Kritiker ohnedies, es sei eine kalkulierte Aktion gewesen, die Wohlwollenden aber sehen es als Eingebung des Augenblicks.

Das anhaltende Rätseln offenbart indessen die ausschlaggebende Bedingung der Wahnehmung dieser symbolischen Aktionen. Was an ihr wirksam wird, ist nicht der technische Ablauf. Es sind Vermutungen über die Motive, die Personen und die Zusammenhänge. Auf ihre öffentliche Wirkung von vornherein erkennbar kalkulierte Fabrikate, wie das zugleich schülerhaft linkische und byzantinisch zeremonielle Händchenhalten Reagans und Kohls auf dem Soldatenfriedhof in Bitburg, enthalten weder ein didaktisches noch ein täuschendes Deutungspotential. Sie legen nichts nahe und sie können nichts oktroyieren. Sie verweisen nur peinlich auf die Absicht zurück, der sie sich verdanken. Die Akteure erfüllen wie Marionetten eine Regieanweisung, von der noch der Dümmste weiß, worauf sie berechnet ist. Sie verweisen auf nichts weiter als ihre ausgeklügelte Regieidee, deren leere Illustration sie sind. Kraft- und saftlose Rituale, eine anspruchslose Befriedigung für die einen, ein Gespött und eine Peinlichkeit für die anderen. Es ist, als risse der Film und der Regisseur läse aus Verlegenheit vor aller Augen sein Drehbuch weiter.

Die symbolische Aktion Willy Brandts am Warschauer Ghetto-Denkmal lebt davon, daß sie glaubwürdig spontan wirkte. Sie hatte nichts an sich, das auf die Effekte hin kalkuliert schien, die sie tatsächlich auslöste. Die Fragen, zu denen sie führte, die Verweisungen, die sich aus ihr ergaben, sind keine Abziehbilder der Überlegung, die sie veranlaßte.

Kniefällig wird, wer einen Augenblick nicht durchstehen will oder kann. Geschieht es freiwillig, so nennen wir es Demut. Brandts Geste war eine symbolische Tat zweiter Ordnung. Er führte denen, die Schuld trugen, und den Opfern gleichermaßen vor, welche Haltung angesichts des Abgrunds allein angemessen wäre. Dabei lebte die ganze Situation von ihrer dialektischen Brechung. Die heikle Geste war ohne peinliche Anbiederung paradoxerweise nur, weil ihr Autor selbst in den Schuldzusammenhang, dessen Sühne sie symbolisiert, nicht verstrickt war. Hätten Kiesinger oder Honecker dort niedergekniet, es wäre wie ein Versuch erschienen, sich reinzuwaschen, die Opfer schlau zu binden, oder wie Schauspielerei auf der falschen Bühne.

Natürlich ist auch eine singuläre symbolische Aktion der Brandtschen Art nicht frei von heikler Verführungsmacht. Sie verwirrt unsere Sinne und stellt unseren Verstand auf die Probe. Es scheint, daß der Staatsmann die Seiten gewechselt hat. Der Potentat von oben übt sich in einer Geste des unten. Symbolische Politik von unten und oben zugleich. Das fällt aus der Rolle. Das war keine Rolle.

Symbolische Politik von oben als symbolische Politik von unten

Symbolische Teilhabe

Die Inszenierung einer symbolischen Welt der Politik in den Medien erzeugt beim Publikum den Schein der Teilhabe. Der Konsument erfährt sich durch die Art, wie dieser Schein ihn erfaßt, nicht als der Ausgeschlossene, der er in Wahrheit ist, sondern als stiller Teilhaber des Geschehens, der mit seinen Gedanken, Emotionen, Reaktionen, Einblicken selbst hinter Kulissen mittendrin ist im Geschehen, auf das er doch in keiner Weise einzuwirken vermag.

Die Überschaubarkeit der Dinge in der Medienwelt, die Intimität der symbolischen Inszenierungen, die auf sein Näheverständnis berechnet sind und den Eindruck nahelegen, durchzublicken und dabeizusein, sowie die fortlaufende Frei-Haus-Lieferung der Medienwelt ins Zentrum der Privatsphäre produzieren das Gefühl aktiver Teilhabe.

Die Inszenierung des Scheins auf der Darstellungsseite, über die ihre Endverbraucher nichts vermögen als zuzuschauen, erzeugt bei ihnen eine Partizipationsillusion, die weit über das hinausgeht, was Rudolf Wassermann die »Zuschauerdemokratie« genannt hat. Sie überspielt die Rolle des bloßen Zuschauers und erzeugt ein

Gefühl der Mitwirkung, des Dabeiseins, der Schiedsrichterrolle. Sie läßt die Kluft zwischen dem tatsächlichen Geschehen und der Ohnmacht des Zuschauens kaum zu Bewußtsein kommen; insofern ist »symbolische Teilhabe« (Räder, S. 75) zugleich das Produkt symbolischer Politikinszenierung und Bedingung des Andauerns seiner Möglichkeit. Sie ist gleichzeitig ein Nebenprodukt der Inszenierung der Wirklichkeit und eine Garantie dafür, daß sie ihre Wirkung nicht einbüßt. Sie ist eine symbolische Politik von oben, die unten so ankommt, als wäre sie an Ort und Stelle vollbracht.

10. Demontage der politischen Kultur

Nichts wird ja so heiß gegessen, wie es gekocht wird. Auch der perfekt inszenierte Schein schlägt niemals alle in seinen Bann und die anderen nicht immer. Gerade in den einander überbietenden Überspitzungen, zu denen die Inszenierungen sich gegenseitig drängen, um ihren Nachrichtenwert zu behaupten, liegt eine Tendenz zur Inflation, zur Selbstoffenbarung wider Willen. Denen, die genauer hinschauen, wird sinnfällig vor Augen geführt, daß es kaum noch um die Lieferung der Güter, sondern nur noch um die Rotationsgeschwindigkeit der Notenpresse geht.

Was aber ist die Folge, wenn die Verführung zur symbolischen Inszenierung als strukturbedingter Dauerreiz in der komplexen Mediengesellschaft wirkt, wenn die einen vom Schein geblendet werden und die anderen das Spiel durchschauen?

Bernhard Claußen hat für die politische Sozialisationsforschung eine Diagnose gestellt: »Es steht zu befürchten, daß im Bewußtsein der Adressaten Politik mehr und mehr zu einer inhaltsarmen Angelegenheit sportiv und locker dreinschauender Akteure wird, denen man als unerreichbare Elite zwar vielleicht generell mißtraut, im häufigen Zweifelsfalle dann aber doch die Entscheidungen überläßt. Auch wenn Marketing-Gesichtspunkte bei Politikvermittlern allein noch nicht darauf schließen lassen, daß die Politik ihre Resteigentümlichkeiten gegenüber der Wirtschaft völlig einbüßt, sind sie doch ein Indikator dafür, daß – ähnlich wie auf dem Felde der industriellen Konsumgüter-Produktion – die Verpackung allmählich wichtiger als das Produkt wird. Wenn es aber – dank der dadurch angestifteten Einstellungen und Erwartungen der Wahlbürger – dazu erst einmal kommt, werden Politik substanzleer und Demokratie aussichtslos.« (Claußen, S. 95)

Eine Weisheit des Scheins, die das Spiel durchschaut und genießt, die verstehende Milde des Analytikerblicks, der die Realitäten sieht und die Show entschuldigt, weil die Dinge nun mal so liegen, mögen überall sonst am Platze sein, nur nicht in den Lebensfragen eines Gemeinwesens, das Demokratie sein will. Wer in ihr zum Opfer der Dauerinszenierung des Scheins wird, ist ausgeschlossen. Wer die Veranstaltung durchschaut, geht auf Distanz.

Die Inszenierung erzeugt außer der Unterhaltung und dem flüchtigen Blick des Überraschten vor allem Entfremdung. Bei denen, auf die die Strategie wirkt, und bei den anderen, die sie durchschauen, gleichermaßen.

Symbolische Politik ist eine kriegswissenschaftlich erdachte Strategie der Kommunikation gegen die Adressaten. Sie höhlt die politische Kultur von innen aus. Sie täuscht Partizipation vor, wo sie sie verhindert. Sie täuscht Erkenntnis vor, wo sie sie verstellt. Sie täuscht Praxis vor, wo Handeln versäumt wird. *Sie löst zum Schein die von Brecht verlangte Einheit von Aufklärung und kulinarischem Genuß ein, aber nur mit fast food und Farben, wo Argumente gefragt wären.*

Sie mag für komplexere Gesellschaften, die von der Medienkultur zusammengehalten werden, äußerlich funktional sein. Sie ist es aber nicht für die Demokratie. Die Massenloyalität, die sie erzeugt, ist eine Oberfläche. Unter ihr, im Kern der Sache, führt sie zu nichts als Orientierungsverlust, Distanz, Resignation. Das geht, zynisch gesehen, immer mal eine Weile gut. Die Tünche, die der inszenierte Schein über die Korruption der politischen Kultur in der Demokratie legt, die er gleichzeitig erzeugt und vergessen macht, ist dünn.

Die Hintergangenen werden eingelullt. Aber wenn das unterlassene Handeln zu Einbrüchen in ihre Lebenswelt führt, die sich nicht mehr wegschminken lassen, wenn überraschende Gefahren und Risiken für Leib und Leben offenbar machen, daß der Orientierungsschein ein Trug war, wenn schließlich Vertrauen gefragt ist, weil Krisen drohen, wird der Preis für diese Art Funktionalismus fällig. Der Funktionalismus wird dysfunktional. Politische Kultur in der Demokratie ist nämlich nicht nur ein schöner Schein, der zur Demokratie noch hinzukommen muß, damit das Bild stimmt. Sie ist die Sache selbst. Partizipation, Vertrauen, wahrhaftige Kommunikation, Toleranz, Offenheit, Streit und Konsens. Sie ist unter anderem auch eine unersetzliche Steuerungsressource in der Demokratie, zumal wenn die Wegstrecke uneben wird.

Symbolische Politik ist eine Deformation der politischen Kultur der Demokratie. Sie ist die Anti-Kultur der systematischen Verstellung.

Sie schafft Bilder, wo es um Argumente geht. Sie macht Verstellung zur zweiten Natur, wo nur Offenheit helfen kann. Sie versöhnt mit politischen Voyeurismus, wo Einmischung geboten wäre. Sie tröstet mit falschen Durchblicken, wo das Eingeständnis der Ratlosigkeit die einzige Chance wäre. Sie beruhigt mit Scheinhandeln, wo nur schonungslose Revision der Handlungszwecke als Ausweg bleibt.

Symbolische Politik ist eine Hinterlist. Sie setzt nicht auf ideologische Orientierungen. Sie geht nicht das Risiko bezweifelbarer Rechtfertigungen ein. Sie entzieht sich dem Diskurs. Da sie einen Schein produziert, der mit der Macht des Selbst-Gesehenen schon die Sinne blendet, und nicht erst den Verstand verführt, der flüchtig amüsiert, statt hartnäckig zu plädieren, ist sie in den Mediengesellschaften der Gegenwart eine Macht ohnegleichen. Eine Macht, die die Mediendemokratien von innen her aushöhlt, indem sie sie außen scheinbar zusammenhält. Eine Macht ohne Alternative?

11. Gegengifte

Ein Plädoyer für die Naivität in
moralischen Dingen

Sind unsere Gesellschaften zu komplex, als daß sie die politische Anti-Kultur der Verstellung noch entbehren könnten? Der Umschlag des Komplexitätsarguments aus einem Gesichtspunkt der Aufklärung in eine Attitüde der Resignation lädt zu einem Plädoyer für die Weisheit der Naivität in moralischen Dingen ein.

Die Systemtheorie erfüllt nämlich eine Grundbedingung aufklärender Theorie mit Vorsatz nicht. Sie bietet keine Orientierung für praktisches Handeln. Sie weist die Handlungstheorie, die aus Motiven und Zwecken soziales Handeln erklärt, als hoffnungslose Naivität zurück. Damit wird nicht nur der Weg der Erklärung abgeschnitten, sondern auch ein Ansatz kritischer Selbstreflexion. Aus systemtheoretischen Erklärungen können Maßstäbe weder der Kritik noch für die Rationalisierung des sozialen Handelns gewonnen werden. Außer dem theoretischen Staunen, wie sich alles immer wieder so wunderbar für die Erhaltung des Systems fügt, legt sie keine Reaktionen nahe.

Sie ist eine Aufklärung, die nicht zum vernünftigen Handeln, sondern nur noch zur gelehrten Resignation anstiftet. Sie gibt der Gesellschaft die Aura eines undurchschaubaren, aber von höherer Weisheit gelenkten Organismus zurück. Sie legt nahe, bewunderndes Verstehen sei angesichts der die Möglichkeiten des Verstandes übersteigenden Komplexität allemal der bessere Teil der Praxis. Wo aber Handeln in den sozialen Teilsystemen geboten ist, müsse es sich entschlossen von den Illusionen moralischer Verbindlichkeit freimachen.

Warum aber sollte es für die betroffenen Menschen nicht der Unterschied ums ganze sein, ob Wahrheit gesucht oder irgendeine Ideologie als handliche Erklärung hingenommen wird? Ob politische Kommunikation der Austausch von Argumenten und die Rechenschaft über Handlungen ist oder ein strategisch erzeugter Schein, um die Betroffenen stillezuhalten.

Wenn beides funktionale Äquivalente politischer Kommunikation in komplexen Gesellschaften sind, dann muß der Wille zu Aufklärung und Würde gegen die funktionalistische Zumutung rebellieren. Komplexität in Rechnung stellen kann doch nicht heißen, jede Funktion, die sie erhält, als gleichgültig hinzunehmen. Dazu hat die Systemtheorie nichts zu sagen. Eine Erklärung, warum die komplexe Gesellschaft zur Serienproduktion von Schein einlädt, ist ja noch lange keine Rechtfertigung für dessen rücksichtslose Lieferung. Sie ist – auch nach dem theoretischen Selbstverständnis dieser Theorie selbst – kein Beweis, daß sie allein noch möglich sei.

Die – sei's naive – Suche nach vernünftigen Alternativen zu den Funktionen, die sich das System, autopoietisch, selbst gesucht hat, bleibt also möglich und sinnvoll. Der Hinweis, das sei dann ja auch nichts anderes als eine Beimischung zur Autopoiesis und keine Alternative, ist ein müßiges Glasperlenspiel, wenn er nichts will als diese Feststellung. Es kommt ja gerade darauf an, ob aufgeklärte Praxis der Autopoiesis die Richtung weist oder nicht. An den Stellen, wo im System Anschluß an vorgegebene Situationen gesucht wird, sind immer viele Wege offen. Welcher der möglichen Wege gegangen werden kann, weil viele ihn mitgehen, ist aber gerade die praktische Frage. Darauf muß sich die kritische Wegbereitung und die praktische Arbeit für eine wahrhaftige Kommunikationskultur richten. Systemtheorie wird zur konservativen Ideologie, wenn sie Diskussion und Praxis von Alternativen mit dem Komplexitätsargument bloßstellen will. Tertium non datur. Auch eine noch so schlüssige Systemtheorie kann nicht der Beweis für die Hoffnungslosigkeit einer wahrhaftigeren Kultur der politischen Kommunikation sein.

Theoretische Überspitzung ohne Praxis

In jener kennzeichnenden Attitüde der Pariser intellektuellen Kultur, die im Wechsel der einander hektisch überbietenden Thesen, Moden und Metaphysiken allein noch eine Anwartschaft auf Aufmerksamkeit begründet, hat Baudrillard seine Theorie von der *Agonie des Realen* maßlos zugespitzt. Man müsse das Fernsehen in seiner Wirkung begreifen wie die DNS der Gene in ihrer Wirkung auf das Leben. »Es ist ein Effekt, bei dem die gegensätzlichen Pole der Determination gemäß einer Anziehung verschwinden.« (1978, S. 50) Demzufolge sei die Differenz von sozialer Welt und Medienwelt nicht nur in der alltäglichen Wahrnehmung, sondern gleichsam realontologisch ein für allemal eingeebnet. Darum wählt er zur Beschreibung einer kulturellen Deformation eine biologische Metapher.

Diese These gleicht der Behauptung der Konstruktivisten von der Ununterscheidbarkeit der Medienwelt von der sozialen Welt in der ontologischen Behauptung. Sie steht ihr aber im kritischen Urteil über den sozialen Sinn dieser ontologischen »Implosion« radikal entgegen. Während uns die Konstruktivisten mit dem Hinweis auf die Unvermeidlichkeit der Konstruktion aller sozialen Erfahrung beruhigen, will Baudrillard mit einer grandiosen Geste fatalistischer Ergebung das Zeitalter der universellen, unvermeidlichen und nicht mehr feststellbaren, der »absoluten Manipulation« verkündigen und seinen Protest ein letztes Mal der Menschheitsgeschichte zu Protokoll geben.

Dem dient die Gen-Metapher, mit der seine Theorie den Geltungsbereich bloßer Kulturkritik hinter sich zu lassen meint. Der »Abstand verschwindet im Prozeß des genetischen Codes, wo die Indetermination nicht mehr der molekularen Zufälligkeit, sondern der reinen und einfachen Abschaffung der Relation entspricht.« (Ebd.) Simulation ist nicht eine Haltung gegenüber dem Realen. Sie ist die ontologische Nachfolgerin des Realen in einer Welt, in der diesem kein Eigengewicht mehr zukommt.

Die Simulation als die falsche Einheit von Subjekt und Objekt, von Welt und Bild, von Realität und Perzeption ist Baudrillard zufolge aber keine kulturell soziale Konstellation. Sie ist ein undurchdringliches sozialontologisches Faktum. Kritik kann sie noch beschreiben, aber nicht mehr auflösen. Sie ist der genetische Code, der aus sich heraus ungeteilt und unteilbar entläßt, was uns unter dem Eindruck einer überholten Tradition als Welt und als Bild von der Welt erscheint.

In den Kategorien der Theorie Foucaults von den unauflöslichen Diskurs-Macht-Dispositiven als letzter Realität betreibt Baudrillard die äußerste Zuspitzung seiner Kritik. Sogar der Diskurs kann sich dieses »Prozesses nicht mehr bewußt werden, weil er selbst eine determinierte Ordnung ist« (ebd., S. 50). Wir alle schweben nur noch hilflos in der Simulation. Ufer und Horizonte sind längst gewichen. Auch der Kompaß simuliert nur, was er anzuzeigen scheint.

Hätte sich der Kreis so hermetisch geschlossen, erübrigte sich nun wirklich alle Kritik in praktischer Absicht. Was bliebe, wäre außer der Beschreibung der Verhältnisse allenfalls noch Erinnerung und Trauer.

Baudrillards Theorie enthält indessen, wie alle Theorien, die die Macht des rationalen Diskurses durch hermetische Reduktion prinzipiell außer Kraft setzen möchten, einen handgreiflichen Selbstwiderspruch. Seine eigene Theorie im Rücken der Mechanismen, die sie beschreibt, wäre unmöglich, falls sie wahr wäre. Wenn nämlich alles Denken selber nur Simulation wäre, könnte keiner erfassen, was es ist. Denken, das aber die Kraft zur Erkennntnis der Zusammenhänge behält, ist ebendarum, weil es möglich ist, schon der erste Schritt ihrer Veränderung.

Politische Kulturarbeit

Symbolische Politik und ihre Chancen sind auch in der komplexen Mediengesellschaft, die die Verführung und das Werkzeug bereithält, eine Angelegenheit politischer Kultur. Die Aktualisierung der Potenz, die sie enthalten, ist nicht von den Verhältnissen erzwungen. Sie ergibt sich aus Wahrnehmungen, Einstellungen, Normen, Erfolgskalkülen auf beiden Seiten, der der Planer und der der Verplanten. Politische Kultur ist die Kommunikationsseite der Politik und ihr kollektives Gedächtnis. Sie ist nie nur der Reflex sozialer Gegebenheiten oder bestehender Institutionen. Sie ist ein Prozeß des Lernens, in den gemachte Erfahrungen, erlebte Zumutungen und vereitelte Absichten ebenso eingehen wie erworbenes Vertrauen, gelungene Verständigung, Erfolgserlebnisse mit dem Gebrauch der Institutionen.

Am nachhaltigsten lernen Gesellschaften in der Krise. Kritik und Krise sind Medien der Entwicklung politischer Kultur. Wo Kritik Gehör findet, muß die Krise nicht zum Drama werden, obgleich ja fast immer die Krise der Zustand ist, in dem Kritik in der ganzen Gesellschaft die Chance gewinnt, sich Gehör zu verschaffen. Wenn es heute, wie Jürgen Habermas im Hinblick auf die Zukunftsaufgaben der Linken in Europa festgestellt hat, darauf ankommt, die Entmoralisierung der öffentlichen Diskurse zu verhindern, so muß es erst recht darum gehen, der Entmoralisierung der öffentlichen Kommunikationsbedingungen selbst entgegenzuwirken. Sind diese erst einmal zu zynischen Strategien verkommen, so färbt ihre Anti-Kultur auf jeden einzelnen Diskurs unweigerlich ab.

Widerstand gegen die Entmoralisierung der öffentlichen Diskursform selbst ist kein hoffnungsloses Unterfangen. Der Mechanismus der Inszenierung kann bloßgestellt und die Absicht, die ihn bewegt, kenntlich gemacht werden. Das ist nur eine Frage von Zeit und Mühe. Inszenierungen, die durchschaut werden, lohnen nicht länger. Sie werden vielmehr riskant, denn ein Publikum, das die Absichten merkt, kann leicht verstimmt sein.

Arbeit an der politischen Kultur ist ein mühsamer Prozeß, eine dauernde Aufgabe, streckenweise die reine Sisyphusarbeit. Sie ist aber, auch im Zeitalter der Allgewalt der Medien und ihrer Gesetze, nicht von vornherein eine verlorene Sache, solange der öffentliche Diskurs über sie möglich ist, und solange am anderen Ende der Kommunikation nicht lebendige Endgeräte, sondern Menschen zu erreichen sind, die ihre Fähigkeit zur Reflexion nicht vollends verloren haben.

Diese Hoffnung richtet sich auf das, was politische Akteure auf der von den Massenmedien bereiteten Bühne tun. Die Bereitung der Bühne selbst ist ein schwieriger Fall.

Medienpädagogik als Hauptfach

Chance und Verführung zur Inszenierung des Scheins sind heute unwiderruflich. Die Bühne steht immer bereit. Das Medienbild von der Welt ist unser Bild von der Welt. Der bloße Appell, die Moral des Abbilds aufs neue herzustellen, muß an der Ontologie der Bilder ebenso scheitern wie der bloße Aufruf an die Regisseure und Akteure der Inszenierung, die Wahrheit und nichts als die Wahrheit zu sagen. Das Modell der Welt, auf das sie sich stützen müßten, ist unwiederbringlich dahin. Wir bekämen, hätte der Appell Erfolg, statt ihrer doch nur eine andere Inszenierung von Wahrheit, Authentizität, der Naivität. Der Sprung aus der Metaebene der bedachten Darstellung ins vermeintlich Eigentliche kann niemals mehr gelingen. Naivität aus zweiter Hand wäre doppelter Betrug.

Die ontologische Oszillation von Schein und Wirklichkeit lebt von der Distanzlosigkeit der Bilder. Erst das Bild, das sich als Element in die Wahrnehmung von Wirklichkeit wie jedes andere Stück Welt einschleichen kann, hebt die Distanz von Wirklichkeit und Inszenierung auf. Je größer die Wirkung des naiven Appells, um so sicherer der Erfolg des Betrugs.

Das Verschwinden der Aura des inszenierten Bildes macht die täuschende Oszillation von inszeniertem Bild und erfahrener Wirklichkeit erst komplett.

Die Entzauberung der Inszenierung, die Wiederherstellung der Distanz von Welt und Bild kann nie mehr ganz gelingen. Möglich aber ist, den Willen hinter der Inszenierung ins Bild zu ziehen und damit als Gegenstand kritischer Betrachtung verfügbar zu machen. Nicht der Bildersturm, der die Bühne zertrümmern will, zerstört den Schein. Wir müssen statt dessen den Regisseur auf die Bühne holen.

Allein schon sein Erscheinen würde die Bühne wieder zur Bühne machen. Das kann nur gelingen, indem wir die Aura der inszenierten Bilder wiederherstellen. Es geht um die Wiedereinführung der ontologischen Differenz zwischen erfahrener Lebenswelt und erlebter Bildinszenierung. Sie würde das Bild nicht verdrängen und die Lebenswelt nicht mit einem erborgten, falschen Schein der Selbstgewißheit verhärten.

Die Rückgewinnung der Aura der inszenierten Bilder ist möglich, ohne sie zu zerstören. Sie ist ein Gebot der Aufklärung ebenso wie eine Voraussetzung der Autonomie. Sie könnte die inszenierten Bilder, ohne die wir heute die Welt nicht mehr erfahren könnten, ins Leben integrieren, ohne es zu kolonisieren.

Sie ist nicht unmöglich. Den Geübteren ist sie längst zur zweiten Natur geworden. Sie genießen den Schein, ohne ihm zu verfallen. Sie verfallen ihm, ohne sich täuschen zu lassen. Sie lassen sich täuschen, ohne den Boden unter den Füßen zu verlieren.

Der einzige Weg, die Distanz der Aura zu erzeugen, wann immer die Inszenierung in unser Leben eintritt, ist eine integrale Medienpädagogik von Kindesbeinen an. Es gilt den Fluß der Wahrnehmungen für einen Moment zu arretieren, um zu spüren, wo wir aus der Interaktion der Zeitgenossen austreten und uns den Darbietungen eines Regisseurs überlassen. Es gilt die Bühne sichtbar zu machen, auch da, wo sie alltäglicher scheint als die Aufforderung, Platz zu nehmen, oder das Einnehmen der Mahlzeiten.

Es geht um die Einführung von Medienpädagogik als Hauptfach an allen Schulen. Wo die Gesetze der Inszenierung, die der Politik, die der Medien und die ihrer Symbiose durchschaut sind, treten sie zwar nicht gänzlich außer Kraft. Aber die Vergiftung, die von ihnen ausgeht, wo sie hinterrücks am Werke sind, verliert ihre Wirkung.

La condition humaine I, R. Magritte, 1933

Dann würde sich auch die politische Kultur der Akteure der Inszenierung und damit die Kultur der öffentlichen Kommunikation im ganzen ändern. Wo die Schwelle der Durchschaubarkeit immer niedriger wird, wird der Preis des trügerischen Scheins immer höher. Und auch wenn das nicht zieht, so würden doch die immer weniger, sie sich von ihm beeindrucken lassen.

Es geht um das Erlernen der Angewohnheit des zweifachen Blicks, der mit den Bildern immer auch den Regisseur sieht, der sie ihm bereitet, damit er dessen Absichten nicht wehrlos zum Opfer fällt.

Die Gegeninszenierung der Aura

Es wäre zu empfehlen, die Fernsehgeräte aus den Wohnzimmern zu entfernen. Stünden sie statt dessen in einem von der alltäglichen Lebenswelt gesonderten Kultraum, der nur zu bestimmten Zeiten vielleicht mit einer besonderen Kopfbedeckung, nach einer besonderen Verneigung und einer Formel, die das kommende Erleben vom Alltagsleben scheidet, betreten werden darf, so könnte kaum der Irrtum überleben, zwischen der alltäglichen Erfahrung gegebener Bilder der Lebenswelt und der täglich neuen Erfahrung, der von fremder Hand entworfenen, gemachten Bilder der Nachrichtenwelt bestünde eine Kontinuität des Sinnes, der Authentizität und des Ursprungs.

So könnten wir vielleicht wieder veranlaßt werden, wie beim Lesen eines Gedichts, bei der Betrachtung eines Bildes im Museum oder beim Lesen geheiligter Texte zu entziffern, was der Sinn des Willens ist, der sie entworfen hat.

Könnte es gelingen, ein geistesgegenwärtiges Bewußtsein zu schaffen, das angesichts der gemachten Bilder nie vergißt, nicht Unmittelbarkeit zu erleben, sondern ein geplantes Artefakt, dessen Gehalt sich erst in der kritischen Interpretation erschließt, so müßte Autonomie der Welt des inszenierten Scheins nicht vollends zum Opfer fallen.

Literatur

Adorno, Theodor W./Horkheimer, Max (1972), *Dialektik der Aufklärung*, Frankfurt am Main.

Baerns, Barbara (1981), *Public Relations*, in: Kurt Koszyk/Karl Hugo Pruys (Hg.), *Handbuch der Massenkommunikation*, München.

Baudrillard, Jean (1978), *Agonie des Realen*, Berlin.

Baudrillard, Jean (1982), *Der symbolische Tausch und der Tod*, München.

Beck, Ulrich (1986), *Die Risikogesellschaft*, Frankfurt am Main.

Berger, P./T. Luckmann (1967), *Die gesellschaftliche Konstruktion der Wirklichkeit*, Frankfurt am Main.

Bergsdorf, Wolfgang (1978), *Politik und Sprache*, München.

Bohn, Volker (Hg.) (1990), *Bildlichkeit. Internationale Beiträge zur Poetik*, Frankfurt am Main.

Boorstin, Daniel J. (1961), *From News Gathering to News Making: A Flood of Pseudo-Events*, in: ders., *The Image*, Harmondsworth, S. 10-54.

Bourdieu, Pierre (1970), *Zur Soziologie der symbolischen Formen*, Frankfurt am Main.

Bourdieu, Pierre (1985), *Sozialer Raum und ›Klassen‹. Leçon sur la Leçon*, Frankfurt am Main.

Buss, Michael u. a. (1984), *Fernsehen und Alltag. Eine ARD/ZDF-Studie im Wahljahr 1980*, Frankfurt am Main.

Cassirer, Ernst (1969), *Wesen und Wirkung des Symbolbegriffs*, 4. unveränderte Auflage, Darmstadt.

Claußen, Bernhard (1987), *Politikvermittlung als Problem lebenslangen Lernens*, in: U. Sarcinelli (Hg.), *Politikvermittlung. Beiträge zur politischen Kommunikationskultur*, Bonn.

Deutsches Institut für Fernstudien an der Universität Tübingen (Hg.) (1990), *Funkkolleg Medien und Kommunikation. Konstruktionen von Wirklichkeit*, Weinheim und Basel.

Dittmer, Lowell (1977), *Political Culture and Political Symbolism: Toward a Theoretical Synthesis*, in: *World Politics*, S. 552-583.

Edelman, Murray (1976), *Politik als Ritual. Die symbolische Funktion staatlicher Institutionen und politischen Handelns*, Frankfurt am Main, New York.

Elder, Charles O./Cobb, Roger W. (1983), *The Political Uses of Symbols*, New York, London.

Elias, Norbert (1978), *Zum Begriff des Alltags*, in: Kurt Hammerich/

Michael Klein (Hg.), *Materialien zur Soziologie des Alltags, Kölner Zeitschrift für Soziologie und Sozialpsychologie*, Sonderheft 20, Opladen, S. 22-29.

Engholm, Björn (1990), *Vom öffentlichen Gebrauch der Vernunft*, Düsseldorf.

Etzioni, Amitai (1975), *Die aktive Gesellschaft, eine Theorie gesellschaftlicher Prozesse*, Opladen.

Grass, Günter (1988), *Zunge zeigen*, Darmstadt.

Guggenberger, Bernd (1978), *Sein oder Design. Zur Dialektik der Abklärung*, Berlin.

Gusfield, Joseph R. (1972), *Symbolic Crusade. Status Politics and the American Temperance Movement*, Chicago.

Gustaffson, Gunnel (1983 b), *From issue – to metapolicy – the case of Sweden*, in: *World Policy*, S. 20-34.

Habermas, Jürgen (1971 a), *Strukturwandel der Öffentlichkeit*, 2. Auflage, Neuwied.

Habermas, Jürgen (1981), *Theorie kommunikativen Handelns*, 2 Bände, Frankfurt am Main.

Hegel, Georg Wilhelm Friedrich (1986), *Werke in 20 Bänden*, Frankfurt am Main.

Helle, Horst Jürgen (1980), *Soziologie und Symbol*, 2. Auflage, Berlin.

Hofstaedter, Douglas R. (1979), *Gödel, Escher, Bach. An Eternal Golden Braid*, Hassodis.

Hommes, Ulrich (1975), *Der Schein der Wahrheit. Zur gesellschaftlichen Kontrolle der Definition von Wirklichkeit in den Massenmedien*, in: Oskar Schatz (Hg.), *Die elektronische Revolution*, Graz, Wien, Köln, S. 115-135.

Hurrelmann, Bettina (1989), *Fernsehen in der Familie*, Weinheim, München.

Jones, Ernest (1976), *Die Theorie der Symbolik*, in: Klaus Menne u. a., *Sprache, Handlung und Unbewußtes*, Kronberg, S. 229-281.

Kaase, Max/Langenbucher, Wolfgang R. (1986), *Medienwirkung auf Gesellschaft und Politik*, in: *Medienwirkungsforschung in der Bundesrepublik Deutschland: Enquête der Senatskommission für Medienwirkungsforschung/DFG*. Unter dem Vorsitz von Winfried Schulz und unter der Mitarbeit von Jo Groebel, Teil I: Berichte und Empfehlungen, Weinheim, Deersfield Beach, Fl., S. 13-28.

Kant, Immanuel (1983), *Werke*, Darmstadt.

Lange, Klaus (1981), *Das Bild der Politik im Fernsehen. Die filmische Kon-*

struktion einer politischen Realität in den Fernsehnachrichten, Frankfurt am Main.

Lange, Klaus (1981), *Interaktionsstrukturen und -prozesse zwischen Journalismus und Politik*, in: *Publizistik*, 26. Jg., Heft 4, S. 619-622.

Lange, Klaus (1982), *Logistik politischer Nachrichtenproduktion – am Beispiel Fernsehnachrichtenfilme*, in: Heribert Schatz/Klaus Lange (Hg.), *Massenkommunikation und Politik. Aktuelle Probleme und Entwicklungen im Massenkommunikationssystem der Bundesrepublik Deutschland*, Frankfurt am Main, S. 81-98.

Langenbucher, Wolfgang R. (Hg.) (1974), *Zur Theorie der politischen Kommunikation*, München.

Langenbucher, Wolfgang R. (Hg.) (1979), *Politik und Kommunikation. Über die öffentliche Meinungsbildung*, München, Zürich.

Langer, Susanne K. (1984), *Philosophie auf neuem Wege. Das Symbol im Denken, im Ritus und in der Kunst*, Frankfurt am Main.

Luckmann, Thomas/Schütz, Alfred (1975), *Strukturen der Lebenswelt*, Neuwied.

Luhmann, Niklas (1971), *Wahrheit und Ideologie*, in: *Soziologische Aufklärung. Aufsätze zur Theorie sozialer Systeme*, 2. Auflage, Opladen, S. 54-65.

Luhmann, Niklas (1971), *Soziologie politischer Systeme*, in: a. a. O.

Luhmann, Niklas (1974), *Öffentliche Meinung*, in: Wolfgang R. Langenbucher (Hg.), *Zur Theorie der politischen Kommunikation*.

Luhmann, Niklas (1985), *Soziale Systeme. Grundriß einer allgemeinen Theorie*, 2. Auflage, Frankfurt am Main.

Mander, Jerry (1979), *Schafft das Fernsehen ab*, Reinbek.

Mannheim, Karl (1965), *Ideologie und Utopie*, 4. Auflage, Frankfurt am Main.

Morris, Charles W. (1981), *Symbolik und Realität*, Frankfurt am Main.

Noll, Peter (1981), *Symbolische Gesetzgebung*, in: *Zeitschrift für schweizerisches Recht*, 100. Jg., S. 347 ff.

Peoples Union for Democratic Rights, Peoples Union for Civil Liberties (Hg.) (1984), *Who are the Guilty? Report of a Joint Inquiry into the Causes and Impact of the Riots in Delhi from 31 October to 10 November*, New Delhi.

Platon (1985), *Sämtliche Werke*, Reinbek.

Postman, Neil (1985), *Wir amüsieren uns zu Tode*, Frankfurt am Main.

Prokop, Dieter (Hg.) (1985/86), *Medienforschung*, 3 Bände, Frankfurt am Main.

Pross, Harry (1974), *Politische Symbolik. Theorie und Praxis der öffentlichen Kommunikation*, Stuttgart.

Radunski, Peter (1981), *Wahlkampfstrategie '80 in den USA und der Bundesrepublik*, in: Zur Politik und Zeitgeschichte, Bd. 18.

Räder, Hans-Georg (1975), *Die Rezeption politischer Inhalte der Massenkommunikation als symbolische Beteiligung des Publikums als Politik*, Minden (Magisterarbeit).

Ramayana (1981), *Die Geschichte vom Prinzen Rama, der schönen Sita und dem großen Affen Hanuman*, Köln.

Rawls, John (1975), *Eine Theorie der Gerechtigkeit*, Frankfurt am Main.

Ruhrmann, Georg (1989), *Rezipient und Nachrichtenstrukturen in Prozessen der Nachrichtenkonstruktion*, Opladen.

Sarcinelli, Ulrich (1987), *Symbolische Politik. Zur Bedeutung symbolischen Handelns in der Wahlkampfkommunikation der Bundesrepublik Deutschland*, Opladen.

Sarcinelli, Ulrich (1989), *Symbolische Politik und politische Kultur. Das Kommunikationsritual als politische Wirklichkeit*, in: Politische Vierteljahresschrift, 30. Jg., Heft 2, S. 292-309.

Sauer, Hans (1988), *Die Macht der Zeichen und ihr Hang zur Symbolokratie*. In: Arbeitsblätter für ethische Forschung, H. 1, Zürich.

Schatz, Heribert u. a. (1981), *Fernsehen und Demokratie. Eine Kulturanalyse der Fernsehnachrichtensendungen von ARD und ZDF vom Frühjahr 1977*, Opladen.

Schenk, Michael (Hg.) (1987), *Medienwirkungsforschung*, Tübingen.

Schmidt, Siegfried (Hg.) (1987), *Der Diskurs des radikalen Konstruktivismus*, Frankfurt am Main.

Schütz, Alfred (1971), *Gesammelte Aufsätze*, Bd. 1: Das Problem der sozialen Wirklichkeit, Den Haag.

Schulz, Winfried (1976), *Die Konstruktion von Realität in den Nachrichtenmedien. Analyse der aktuellen Berichterstattung*, Freiburg.

Schwartzenberg, Roger-Gerard (1980), *Politik als Showgeschäft – Moderne Strategien im Kampf um die Macht*, Düsseldorf, Wien.

Smith, Hendrik (1989), *The Power Game*, Reinbek.

Thomas, Hans (Hg.) (1988), *Die Welt als Medieninszenierung*, Köln.

Voigt, Rüdiger (H.) (1989), *Politik der Symbole. Symbole der Politik*, Opladen.

Watzlawick, Paul (Hg.) (1980), *Wie wirklich ist die Wirklichkeit? Wahn, Täuschung, Verstehen*, 7. Auflage, München.

Watzlawick, Paul (Hg.) (1981), *Die erfundene Wirklichkeit. Wie wissen wir, was wir zu wissen glauben? Beiträge zum Konstruktivismus*, München, Zürich.

Winn, Marie (1979), *Die Droge im Wohnzimmer*, Reinbek.
Wolf, Werner (1980), *Der Wahlkampf. Theorie und Praxis*, Köln.

Zielcke, Andreas (1980), *Die symbolische Natur des Rechts*, Berlin.
Zielinski, Siegfried (1989), *Audiovisionen*, Reinbek.

Bildnachweis

Ästhetik
in der edition suhrkamp

Kulturgeschichte
in der edition suhrkamp

308/1/6.90